［英］温斯顿·丘吉尔—著　　李国庆等—译

CHURCHILL'S MEMOIRS OF WORLD WAR II
丘吉尔二战回忆录

战局扩大

SPM 南方传媒 ｜ 广东人民出版社

·广州·

图书在版编目（CIP）数据

战局扩大 /（英）温斯顿·丘吉尔著；李国庆等译.
广州：广东人民出版社，2024.8. --（丘吉尔二战回忆
录）. -- ISBN 978-7-218-17967-4

Ⅰ. K835.617=5；K152

中国国家版本馆 CIP 数据核字第 2024SW8553 号

QIUJI'ER ERZHAN HUIYILU · ZHANJU KUODA

丘吉尔二战回忆录·战局扩大

［英］温斯顿·丘吉尔 著　李国庆等 译　　　版权所有　翻印必究

出 版 人：肖风华

责任编辑：范先鋆　戴璐琪
责任技编：吴彦斌
封面设计：贾　莹

出版发行　广东人民出版社
地　　址：广州市越秀区大沙头四马路 10 号（邮政编码：510199）
电　　话：（020）85716809（总编室）
传　　真：（020）83289585
网　　址：http://www.gdpph.com
印　　刷：三河市人民印务有限公司
开　　本：787 毫米 × 1092 毫米　1/16
印　　张：9.75　字　　数：140 千
版　　次：2024 年 8 月第 1 版
印　　次：2024 年 8 月第 1 次印刷
定　　价：58.00 元

如发现印装质量问题，影响阅读，请与出版社（020-87712513）联系调换。
售书热线：（020）87717307

《丘吉尔二战回忆录》 译者

（排名不分先后）

李国庆	张　跃	栾伟霞	曾钰婷	刘锡赟	张　妮
李楠楠	汤雪梅	赵荣琛	宋燕青	赖宝滢	张建秀
夏伟凡	王　婷	江　霞	王秋瑶	郑丹铭	姜嘉颖
郭燕青	胡京华	梁　楹	刘婷玉	邓辉敏	李丽枚
郭轶凡	郭伊芸	韩　意	李丹丹	晋丹星	周园园
王瑨珽					

战争时： 意志坚定

战败时： 顽强不屈

胜利时： 宽容敦厚

和平时： 友好亲善

致　谢

　　我应再次向帮助我完成前几卷的各位朋友致谢，他们是：陆军中将亨利·波纳尔爵士、艾伦海军准将、迪金上校、爱德华·马什爵士、丹尼斯·凯利先生和伍德先生。对于审阅过原稿并提出意见的许多其他人士，我也表示谢意。伊斯梅勋爵以及我的其他朋友一直为我提供帮助。承蒙英王陛下政府准予复制某些官方文件的文本，此类文件的王家版权属于英王陛下政府文书局所有，特此致谢。遵照英王陛下政府的要求，为了保密起见，本卷①中所刊载的某些电文曾由我根据原意加以改写。这些更动，并未改变其原有的含义或实质。

---

　　① 原卷名为"伟大的同盟"，现分为《海陆鏖战》《战局扩大》《全方位的争夺》《援苏联美》《同盟的雏形》《美国入局》六册。——编者注

前　言

　　本卷（《海陆鏖战》《战局扩大》《全方位的争夺》《援苏联美》《同盟的雏形》《美国入局》）和其他各卷一样，只是为第二次世界大战这段历史提供史料。这段历史是从英国首相兼任对军事负有特殊责任的国防大臣的角度来叙述的。因为军事问题在很大程度上是直接属于我的职责范围，所以对于英国进行的战役我都谈到并且作了相当详细的叙述。但关于盟国的斗争，除了用作背景铺垫外，则无法一一叙述。为了尽量求得公正，这些战役情况应留给它们本国的历史家，或将来更接近于通史的英国著述去记载。我承认我不可能使这些记载的篇幅比例相同，因此我便力求将我们自己的历史事件写得真实一点。

　　主要线索还是我日常指挥作战和处理英国事务的一系列指令、电报和备忘录。这些全都是原始文件，是随着事件的发展而引用的。因此，与现在事情结束后我可能写出的任何著述相比较，这些文件是更确实可靠的记载，而且，我相信，它们能更确切地说明当时所发生的事件和当时的看法。在这些文件中，虽然包括一些后来证明是不准确的意见和预测，但是我希望通过整个文件可以判断我个人在这次战争中的功过。只有这样，读者才能了解在当时的知识水平的局限下我们必须处理的实际问题。

　　对我函电的答复，往往是政府各部门冗长的备忘录。刊载这些文件，一是篇幅不容许，二是在许多情况下我也确实没有这种权力，因此，我谨慎地尽可能避免对个别的人有所指责。只要有可能，我都是力求对复电进行概括的叙述，但是，总的说来，这里刊用的文件是可以说清楚情况的。

　　我们在本卷中要再一次谈到大规模战争。在苏联前线的战斗中双方投入的师的数量和投入法兰西战役的师的数量相当。在一条比法兰西战线长得多的战线的各个据点上，大量军队进行鏖战，杀戮之多，不是这

1

次战争中其他地区的杀伤情况可以比拟的。对于德国和苏联军队之间的战斗，是作为英国和西方盟国行动的背景才谈到，超过这一点之外恕我无法提及。1941 年和 1942 年苏联的英雄史值得人们进行详细的、冷静的研究，并用英文记述下来。外国人要想叙述苏联人的痛苦与光荣，没有便利的条件，虽然如此，还是应当努力。

希特勒进攻苏联，给这一年里的风风雨雨划上一个句点：在这一年中，大不列颠和它的帝国单独作战，不但没有气馁，还在不断地增强力量。六个月以后，美国受到日本的猛攻，成为我们全心全意的盟国。我们的联合行动，早在我同罗斯福总统的往来函电中就事先打好了基础，因此我们不但可以预测我们作战的方式，而且可以推断我们行动的后果。整个英语世界在作战方面有效的合作和伟大同盟的建立，构成了我这一卷书的结尾。

温斯顿·丘吉尔
于肯特郡，韦斯特勒姆，恰特韦尔庄园
1950 年 1 月 1 日

目 录
CONTENTS

第一章
ONE

大西洋之战：西部入海口

德国潜艇与飞机联合作战——西部海口地区有失陷的危险——希特勒在 1 月 30 日的威胁——德国巡洋舰的出击——八万吨船舶被击沉——所谓的大西洋战役——德国潜艇组成"狼群"是战术策略的问题——租借法案的通过——同美国密切联系起来——"敦刻尔克"号事件——罗斯福总统对维希施加压力

在各项要事蜂拥而至时，我们最担忧其中一件。战斗可胜可负，事业可成可败，领土可得可失，但在能让我们继续战斗甚至生存下来的所有力量中，最主要的就是我们能控制自己的远洋航线以及港口，这样一来我们的船只就可以自由出入。我在前文中曾谈到德国占领了北起北角①南至比利牛斯山脉的欧洲海岸线，这给我们带来了危险。敌人不断在速度、续航力和活动半径方面改进他们的潜艇，沿着这条漫长的海岸线，潜艇能从其中任何港口或海湾出击，毁掉我们海上运输的粮食和商品。不仅如此，潜艇的数量也在不断增加。1941 年的前三个月，新潜艇每月生产十艘，不久后就增加到每月十八艘。这些潜艇吨位分别达到五百吨级和七百四十吨级，前者的巡航航程为一万一千英里，后者则达一万五千英里。

这时，除了德国潜艇带来的灾难以外，现在又加上了飞机在远洋进行的空袭。在这些飞机中，被称为"秃鹰"的"福克·沃尔夫 200"式飞机是最难以应付的一种，幸运的是它们在战争刚开始时数量并不

---

① 北角，挪威北部一个海岬，被认为是欧洲大陆的最北端，扼守俄罗斯摩尔曼斯克通大西洋的航道。——译者注

多。它们可以从布雷斯特或波尔多起飞，围着不列颠岛转一圈，然后飞到挪威加油，最后于第二天返程。由于缺少护航舰，我们不得不编成多达四五十艘船的大型船队，当敌机从高空发现这些运输船队时，他们可以用炸弹攻击这些护航舰或个别船只，也可能通过信号把方位告知随时待命的潜艇，以便进行截击。早在12月，我们就从默尔西河口及克莱德河口起，到爱尔兰西北六百英里纵深的水域，铺设了水中爆炸网①，作为我们最后一击的准备。

这时，我们已下令扩充并重新部署空军海防总队，优先考虑驾驶员和飞机方面的需要。我们的计划是，在1941年6月前，海防总队要配备十五个中队，在这些飞机中队里必须包括五十七架美国远程"卡塔利娜"式水上飞机，预期在4月底就能到位。南爱尔兰拒绝向我们提供港口使用的便利，对我们的计划再次产生了不利影响。于是，我们加紧在北爱尔兰以及苏格兰和赫布里底群岛建造新飞机场的步伐。

以上提及的种种不利条件依然存在，而且有些还变得更为严重。英国在科技方面取得一定进展，再加上两万名忠心耿耿的工作人员携带着各式新奇的仪器，不辞劳苦地对上千艘小艇进行改造，之前困扰我们已久的磁性水雷问题终于得到缓解。我们沿着不列颠东海岸的整个海上运输工作，因为经常受到德国轻型轰炸机或战斗机的威胁，海运量大大受限。在第一次世界大战时，伦敦港关系到我们的生死存亡，是个极为重要的地方，但这时的吞吐量却已降到原来的四分之一。英吉利海峡实际上是一片作战水域。敌人之前空中轰炸默尔西河、克莱德河和布里斯托尔，严重破坏了这些仅存的主要商港。通往爱尔兰和布里斯托尔的水道不是遭到封锁，就是受到了严重阻碍。对于任何专家而言，如果在一年前遇到现在这样的状况，都会立即宣布我们已经毫无希望了，我们步履维艰。

我们的保护措施覆盖面极大，要求又多，涵盖了护航、改变航行

---

① 建议的水雷屏从未设置。

路线、使用消磁电缆、扫雷、不走地中海航线等一系列内容。大多数船只都因此延长了航行时间和航行距离。同时，由于轰炸与灯火管制，船只在港口停留的时间也很长。这些都大大地降低了我们船舶的有效运力，比实际遭受的损失更为严重。起初，海军部首先想到的当然是船只能够安全进港，沉船数量越少越好，我们以这样的标准来评价他们的工作表现。但到了现在，却不能再以此标准评价了。我们一致认为，国家的生存和作战活动应该依靠安全到岸的进口物资数量。2月中旬，我在向第一海务大臣发出的备忘录中写道："我了解到，今年1月载货进口的船只还不到去年同期的一半。"

压力越来越大，而我们新建的船舶数量远远赶不上损失的船舶数量。美国的丰富资源能派上用场，但是很消耗时间。我们不能总想着能意外获得大量船只，就像1940年春季那样，挪威、丹麦、荷兰与比利时被敌人占领后，大量船只落入我们手中。我方被击伤的船只数量很多，远超我们的修复能力，同时我们的港口也越来越拥挤，情况很棘手。3月初，我方被击伤的船只多达二百六十万吨，其中有九十三万吨是一边修理，一边装货，还有接近一百七十万吨的船只无法使用，必须立即修理。如果我能不去管这些沉重的麻烦，转而去执行军事上的冒险行动，那才真是松了一口气。虽然这军事行动不一定顺利，但却比这些麻烦有意思多了。我是多么愿意用一场大规模的进攻来替代这些用图表、曲线和统计数字表明的危险，它们实在是太难以捉摸、难以估量了！

*　　*　　*

早在1941年1月，我们便已经成立了进口管理委员会，包括主要的进口部门，由军需大臣担任主席。同时还成立了与进口部门平行的机构——生产管理行政部门，由劳工大臣担任主席。前者设立的主要目的是应付进口的形势，改进船舶和运输的组织工作，并解决港口劳工与组织方面的许多难题。这两个掌握大权的机构时常在一起商讨一些错综复杂的问题。我现在与这些强大的机构保持了紧密的合作，并协调他们的行动。

首相致海运大臣：

进口管理委员会应对进口的整个形势进行研究，而这也正是成立该管理委员会的原因之一。我本人会与进口管理委员会保持密切联系，并做出必要的决定。我希望，如果能更有效利用我们的船舶、船舶周转时间、港口与劳工资源，那么可用的吨位将超过你目前估计的三千三百万吨。海运部、运输部连同劳工部，应积极同进口管理委员会合作，进口管理委员会也应有效地协调这些部门的工作。此外，海军部要求进一步进行船舶的修理工作，虽然多多少少会影响到新商船的建造，那也无所谓了。我们希望随着美国支援的到来，夜晚的时间变短，还有我们主要的增援护航舰已经开始活动，我们的运输船队能得到更大的安全保障。

1941 年 1 月 4 日

首相致进口管理委员会：

1. 对于海运部对船舶损失做出的估计，我希望你们不要受此限制，或许你们可以把它作为将来计算的基础。据海运部的估计，从法国崩溃时算起，每年船舶的损失达五百二十五万吨，这个数字包括了我方从挪威和法国撤离时的异常损失。另外一种较好的方法，是按月平均计算，得出 1940 年全年的损失为四百二十五万吨。或者还有一种计算方法，就是把自开战以来的损失除去撤军时的特殊损失，得出的年损失量为三百七十五万吨到四百万吨。

2. 为慎重起见，我们可以假设这样的损失量将会继续保持下去。但是这并不是说，在我们采取了改进方法以及其他驱逐舰到达舰队后，损失数字就不会减低。考虑到这一点，

我认为最安全的办法是把开战以来的损失按月平均计算。

1941 年 1 月 23 日

1941 年发生的事情，完全证明了我的估计是合理的。

*   *   *

今年年初，我请枢密院长约翰·安德森爵士负责一项特殊任务：编制并推行一项计划。计划的内容是关于把国家的全部经济资源纳入战时体制。

> 首相致枢密院长：
>
> 　　进口管理和生产管理委员会应切实负责处理各自范围内的业务问题，但是对于经济政策方面的较大问题，则应经由你所主持的委员会来处理，但主要决定权还是在你，这点非常重要。这是符合公众舆论的意向，他们的消息十分灵通。因此，你需统筹全局，当机立断。你可以召集像凯恩斯那样的经济学家亲自向你提出专业意见。如果你需要任何的助手或办事人员请尽管提出，当然，你也应该用上统计部门。林德曼教授和他所主持的机构将按照你所希望的任何方式进行协助，并作为你我之间的联络员。希望你好好领导这个委员会。委员会应该至少每周开会一次。
>
> 　　关于以上所述问题，你要向爱德华·布里奇斯爵士请教，并向我提议要如何执行。
>
> 1941 年 1 月 28 日

安德森在这项工作中倾注了他的全部精力、成熟老到的判断力和行政才能。由于他曾在国内长期担任文官、在孟加拉担任总督，这让他对政府部门和公务制度有着非常深刻的见解。不久，他便获得了内

阁同僚的信任，让枢密院长所主持的这个委员会发挥了大作用，成为协调各部计划并使之符合整个战时经济政策的有力工具。随着时间的推移，无论是执行战时经济政策还是在其他方面，该委员会都能够代表战时内阁拥有很大的威信和决策权。由于他很好地控制了经济政策和国内战线问题，我得以在军事工作上大展拳脚。

＊　　　＊　　　＊

首相致军需大臣安德鲁·邓肯爵士：

　　首相希望你能提醒进口管理委员会关注附在信后的文件和示意图。这些材料是在首相亲自指导下，由林德曼教授编制而成。这些文件揭露了一种极其严重但至今没法做出解释的趋势，如不加以纠正，则势必危及英国的存亡，让英国无法进行作战活动。

　　首相不明白现在的情况，为什么在沉船减少（虽然还很严重）、吨位总数（不涉及航线问题）没什么太大变化的时候，进口物资反而以惊人的速度下降。

　　这种情况在过去两个星期内急速好转，首相很高兴，他希望这能成为进口管理委员会获得的第一步胜利。

　　为了了解进口管理委员会能否提出进一步措施来解决这个潜在的致命危险，首相愿在星期二下午五时与他们的人员见面。

1941 年 2 月 22 日

＊　　　＊　　　＊

关于目前位于西部海口地区指挥中心的迁址问题，我早在 1940 年 8 月 4 日就曾要求海军部从普利茅斯迁往克莱德河。但这项提议曾遭到过反对，直到 1941 年 2 月，因局势变化带来的压力日渐增大，海军

部这才表示赞同，于是大家一致同意向北迁移。后来，我们把原来的目的地克莱德河换成了默尔西河，这是一个明智的决定。2 月 17 日，诺布尔海军上将在利物浦就任西部海口地区总司令。空军海防总队司令鲍希尔空军上将要同他展开密切合作。不久，新的联合总部便开始工作，并且从 4 月 15 日起，两个司令部在海军部的作战指挥下成为一把利器。

＊　　　＊　　　＊

新年才刚刚开始没多久就遭遇狂风暴雨，我们之前使用的旧船因此受损严重，虽然这些舰只已使用多年，船身不牢固，但仍然用在远洋航线中。不久前，1941 年 1 月 30 日，希特勒在柏林发表演说，威胁要灭亡我们，并且自信满满地说他们召集了海空联合作战部队，要从四面八方包围我们，他以为这会导致我们断粮投降。他说道："到了春天，我们要进行海洋潜艇战，那时他们就会知道，我们已经醒来（尖叫和欢呼）。届时空军也将出击，整个强大的武装部队将会逼得他们无路可走，被迫做出决定。"

＊　　　＊　　　＊

首相致进口管理委员会：

我从海军部打捞处得知，他们部门最近做出了极大的贡献，维持了我方船舶的数量。和新建船舶一样重要，在 1940 年的最后五个月里，他们打捞了三十七万吨船舶，新建船舶突破到三十四万吨；与此同时，打捞处正在打捞的船只数量迅速增加，从 8 月份的十艘增加到现在的大约三十艘。

我们要祝贺他们在这方面取得的成就。我确信，如果能设法协助他们增加设备和找到合适的人员，进口管理委员会一定会有所行动的。

因为缺乏修理能力，我们目前还无法充分利用这些成果。但我相信，你所主持的委员会正努力地去加强修理能力，利用国外先进的设施去修复舰船，这些舰船服役多年，基本都是破破烂烂的。

1941 年 2 月 25 日

* * *

在这个时候，除了对我们发动潜艇战以外，敌人还派出了威力强大的巡洋舰，使我们遭受了严重的损失。1940 年 11 月间，"希佩尔"号在袭击一支运输船队时，还击败了我们的"迦佛斯湾"号，关于这件事，前面章节有所谈及。在 1941 年 1 月份的时候，"希佩尔"号正从南大西洋驶往印度洋。它在三个月内击毁船只十艘，共计六万吨，然后成功返航，于 1941 年 4 月 1 日抵达德国。虽然我们在一年前曾在追踪"斯佩伯爵"号时，部署了强大的舰队，但这次我们已经做不到了。巡洋舰"希佩尔"号在去年 12 月初闯入了大西洋，现在正隐藏在布雷斯特。1 月底，战列巡洋舰"沙恩霍斯特"号和"格奈森诺"号终于修复了在挪威战役所受的创伤，奉命前往北大西洋，而"希佩尔"号则负责袭扰从塞拉利昂开始的航线。在海军上将卢金斯的指挥下，这两艘战列巡洋舰在最初试航时，差点被英国的本土舰队击毁，最后是靠着大雾才逃之夭夭。2 月 3 日，它们顺利地通过丹麦海峡，没有被任何人发现。在此同时，"希佩尔"号已驶离布雷斯特南下。

2 月 8 日，这两艘德国战列巡洋舰在哈利法克斯航线上航行时，发现了一支正在驶近的英国运输船队。这两艘德舰立即分开，从不同方向发动袭击。突然间，他们意外地发现这支运输船队是由战列舰"拉米伊"号护航。卢金斯上将立即撤走。在他奉行的基本训令里，其中有一条是要求避免和一艘势均力敌的敌舰交锋，据他解释，这是指英国任何一艘装有十五英寸口径大炮的战舰。他的谨慎小心没有白费力气。在 2 月 22 日，他成功击沉了五艘船舶，都是一支运输船队中

掉队的船只。卢金斯唯恐我方反击，便往更南的海域驶去。3 月 8 日，他遇到了从弗里敦驶来的一支运输船队。但是，这次他又发现其中有一艘战列舰——"马来亚"号，因而他只得召集潜艇，让它们集结前来袭击。后来，潜艇共击沉了五艘运输船。他在这一海域露面以后，便再度回到西大西洋。这时，在大西洋，他取得了一次前所未有的大捷。3 月 15 日，他截获了六艘从一支护航舰队中掉队的空油船，把它们全部击沉或虏获。第二天，他又击沉船只十艘，大多数是属于那同一支运输船队的。这样，他便在两天之内击毁或虏获了八万吨以上的船舶。

但"罗德尼"号正渐渐朝我们驶来，它正护送着一支从哈利法克斯港出航的运输船队。卢金斯海军上将已经冒着足够大的危险，而且还大显身手了一番。3 月 22 日清晨，他驶进布雷斯特港。在两个月的巡航中，"沙恩霍斯特"号和"格奈森诺"号击沉或虏获了船只共二十二艘，总吨位共计十一万五千吨。这时，"希佩尔"号曾在亚速尔群岛附近遇到一支从塞拉利昂返航的运输船队。在历时一个小时的战斗中，十九艘船中有七艘被击沉。它无意救助幸存的船员，两天后"希佩尔"号回到布雷斯特港。这是我们在潜艇战损失之外受到的意外重创。此外，这些敌军战舰的出现，不得不让我们把几乎每一艘可用的主力舰都用于护航。甚至曾经有一个时期，本国舰队总司令手下只有一艘战列舰。

这时，"俾斯麦"号还没有编入现役名单。德国海军部正在等该舰和它的僚舰"提尔皮茨"号的竣工。希特勒利用他这两艘庞大战列舰的最有效的方法，就是让它们在波罗的海随时待命，同时不断对外散布它们即将出击的谣言。这样一来，我们便不得不在斯卡帕湾或其附近一带集结几乎每一艘新舰，而他却可任意选择出击时机，安享一切便利，不必处于经常戒备的紧张备战状态中。由于船舶需要定期检修，因此我们很难在维持海军优势的同时保留适当余力。我们所依仗的力量很容易因为一起严重的意外事件而失去。

*　　*　　*

　　我一直在思考这一十分棘手的问题。这时，我把获胜的唯一而可靠的希望寄托于我们能够进行无限期的持久战，期待能获得压倒性的空中优势，以及其他大国或许能加入我方作战。但是，我十分担心这种关系到我们生命线的致命危险。早在 3 月间，关于船舶沉没的严重情况，庞德海军上将曾向战时内阁做过报告。我已经看到了相关的数字，所以当我在下议院的首相办公室与庞德见面后，我对他说："这件事非常重要，我们必须把它当作头等大事。我要将它称为'大西洋战役'。"这个叫法和九个月以前的"不列颠战役"相似，是让一切有关人员和有关部门注意潜艇战的信号。

　　为了对这个问题保持密切关注，并且及时发出指示，以便扫除困难和推动相关部门的工作，我设立了大西洋作战委员会。这个委员会每星期开会一次，所有有关的大臣和高级官员都要出席参会，其中既有军方人员也有文官。开会时间通常在两个半小时以上。会议会对整个局势做全面分析，对每一个问题进行深入讨论；没有因为犹豫不决而暂时搁置的问题。委员会开会的次数，足以表明 1941 年大西洋战役的进度。从 3 月 19 日到 5 月 8 日这段时间，委员会每周开会，从未间断。随后一个时期，每两周开会一次，最后阶段则更少。最后一次开会是在 10 月 22 日。

　　我们的作战指挥机构覆盖范围很广，其中包括成千上万名有能力的忠实员工，在他们的互相配合下，一起开创了一个新的局面，他们的目光从各方面密切地关注战事。正如在前文中提及的，3 月 6 日这天形势异常严峻，当时，关于是否派遣军队前往希腊还没有决定。但即便如此，在这个决定做出以前，我就想好了名为"大西洋战役"的指令。我在 1941 年 6 月 25 日这天向下议院秘密会议宣读了这项指令，我认为为了更好地讲清楚这段往事，很有必要在此公开这项指令。

大西洋战役

——国防大臣指令

鉴于德国方面发布的各项声明，我们必须认定大西洋战役已经打响。

在今后四个月内，面对敌人旨在断绝我国粮食供应和切断我方同美国联系的行动，我们应想尽办法将其挫败。为了挫败敌人的阴谋，我们应采取以下措施：

1. 不管何时何地，我们都应做好攻击德国潜艇和"福克·沃尔夫"式轰炸机的准备。我们应对德国潜艇进行海上搜索，对在造船厂或船坞中的潜艇进行轰炸，对在空中或机场用于攻击我方船舶的"福克·沃尔夫"式及其他轰炸机予以击毁。

2. 我们要先做好下列事项：为了抵挡敌方轰炸机对我方船舶的袭击，我们要在船舶上安装飞机弹射器或使用其他方法搭载战斗机。我们应在一个星期内提出实施办法。

3. 我们要积极推进以下事项：关于集中空军海防总队的主力用于西北海口地区，无论是已经批准的或正在准备的措施，以及由战斗机中队和轰炸机中队协助控制东海岸的措施，所有各项都要跟进。随着白天变长和开辟了新航线，不久后，相信德国潜艇的威胁一定会有所减少。更重要的一点是，找到有效措施来对付"福克·沃尔夫"式轰炸机和可能出现的"容克88"式轰炸机。

4. 由于我们急需大量用于护航的驱逐舰，所以在此新战役的紧张进行阶段结束以前，我们应马上考虑现已服役的美国驱逐舰是否有必要进入船坞去接受第二阶段的改装。

5. 关于从运输船队剔除时速在十二到十三节的船只这一问题，海军部会联合海运部对此进行重新审查，并且重新考虑这类船只是否可试航一段时间。

6. 海军部可优先申请所有短射程步枪，以及能够安装于往来危险海域的、那些适合商船上的其他武器。我们已经向英国防空部队及工厂下达命令，让他们提供两百门"博福斯"式高射炮或同等的其他型式的高射炮。但除此之外，高射炮、连同炮手或主要炮手一起，都应源源不断地予以供应，方便海军部随时接收。我们应该制订一个为期三个月的计划。

7. 关于敌人对我们特别依赖的港口（默尔西河、克莱德河及布里斯托尔海峡）进行集中轰炸一事，我们必须随时做好应对准备。因此，我们要为这些港口提供最好的防御。一个星期之内要做出一份说明进展情况的报告。

8. 各有关部门应齐心协力，加紧处理目前聚集在我港内大量受损的船舶。到 6 月底，修好的船舶总吨位应不少于四十万吨。为此，无论是建造商船还是海军舰艇，不妨暂时采取以下办法来解决眼前的难题。凡是在 1941 年 9 月以前不能竣工的新建商船，应立即停工，然后把工人调到修理处。海军部已经答应会尽早从军舰建造或修理的长期施工项目中抽调五千名工人，再从商船建造的长期项目中抽调五千人。

9. 即使危险再大，我们也必须采用各种简化和加速修理与安装消磁电缆的方法，以改变英国港口船舶周转过于缓慢的情况。如果船舶进出港能节省十五天，那么就等于增加了五百万吨进口物资，或（等于）增加了一百二十五万吨的进口船舶。海军部已经指示驻在各港口的军官要大力协助这一工作，包括修理工作在内。以后应随时发出命令，让驻在港口的军官汇报他们的工作情况，以及提出相关建议。最好港口官员要经常开会商议，在会上可以提出遇到的所有困难并交换意见。

10. 在与劳资双方举行的会议中，劳工大臣曾就港口劳工互相交流的问题达成协议。这将真正有效地增加总劳动力数量。但不管怎样，应尽早至少再抽调四万人进行船舶修理、建造船舶和船坞工作。在港口和造船厂这一方面，应加强宣传

工作，让所有工作人员认识到他们工作的重要性。同时，为了防止敌人的进一步动作，不要在当地使用报纸或无线电广播。

11. 运输部要保证能解决码头上堆积和拥塞的难题，要做到随时能运走一切起岸货物。为此，运输大臣可以要求进口管理委员会主席进一步的协助。他每周也应向进口管理委员会说明改进港口状况的进展情况。要想改变港口拥塞的情况，我们特别要借助从其他港口调拨的起重机等工具。关于在小港增添新设施的进展，以及能否进一步利用驳船来加快装卸速度的问题，他也应做一份报告。

12. 由海军部运输处、海运部和运输部派出的代表目前已经组成了一个常设委员会，他们每天都开会，报告进口管理委员会主席所遇到的所有困难，进口管理委员会也应协调这些措施，并且每周向我汇报相关情况，这样我才好请求内阁授权进行下一步计划。

13. 除了在国内采取措施以外，我们还必须尽全力保证缩短我方船舶在海外港口的周转时间。就这一点，特别提醒各有关方面，并要求他们就执行提示时所采取的措施和遇到的困难给出报告。

1941 年 3 月 6 日

3 月 6 日真是事务繁忙的一天，我又根据我所了解的进口情况，写了一份关于陆军兵力的备忘录。这份备忘录载在本卷附录中。

＊　　　＊　　　＊

这时，德国潜艇开始使用被称为"狼群"战术的新战术：由几艘潜艇同时从不同的方向合力发动袭击。这时候，袭击一般是趁着夜色发动，潜艇开足马力在海面上疾驶，只有靠近才能发现。在这种情形下，只有驱逐舰才能够迅速地追上它们。

此后，这类战术成为此后一两年战斗的关键，我们因此要面对两个问题。第一，如何保护我们的运输船队，使它们免受这种高速夜间袭击的伤害。在敌人进行的这种袭击里，潜艇探测器实际上已经失去了作用。要想解决这个问题，不仅要增加快速护航舰艇的数量，更要研发有效的雷达。此外，还必须立即找到解决的办法，要不然我们的损失很快就会达到无法承受的地步。在战争初期，我们曾相当成功地解决了德国潜艇进行的小规模进攻，给了我们一种高枕无忧的错觉。但到目前，面对袭来的狂风暴雨，我们却缺乏能满足我们需要的科学设备。我们要奋力钻研这一问题。在我国科学家们日夜辛勤劳作和海军、空军人员的通力协作下，研究工作终于取得了长足的进展。这个效果不是立刻就能看到的，所以在短时间内，我们还要为这个问题担忧，还在承受因此带来的损失。

第二，我们需要利用水上潜艇易受空袭的弱点。只有知道自己能够控制战局，敢于诱敌来袭时，我们才会在长期作战中获胜。为了达到这个目标，我们需要足够多能够击毁敌军潜艇的空中武器，以及足够多训练海、空军去使用这种武器的时间。在这两个问题解决以后，等到德国潜艇再次潜入水中进行偷袭时，我们就可以用那些比较有用的老办法去对付它了。一直等到两年之后，形势严峻的战局才出现重要的缓和。

与此同时，海军上将邓尼茨采用了新的"狼群"战术。邓尼茨是德国潜艇舰队的总司令，曾经在第一次世界大战中担任潜艇艇长。而将这一战术积极运用于战争的，则是那个凶残的普里恩和其他德国一流的潜艇舰队司令。但他们很快就尝到了报应的苦头。3月8日，驱逐舰"狼獾"号击沉了普里恩的第四十七号潜艇连同他本人和所有艇员，而就在九天以后，当德国第九十九号和第一百号潜艇联合袭击一支运输船队时，双双被击沉。由于负责这些潜艇的人员都是德国杰出的海军军官，所以在德国一下子就失去了三位能手之后，极大地影响了战争的进程。后来的德国潜艇司令官都不如这三位残暴大胆。3月份，西部海口地区有五艘德国潜艇被击沉，虽然我们付出了惨重的代价（我方因德国潜艇损失的船舶共计二十四万三千吨，因空军袭击损失的船舶为十一万三千吨），但是大西洋战役的第一回合却可以说和德国打成了平手。

＊　　＊　　＊

这时，大西洋彼岸发生了一件大事。在这几天，我一直同霍普金斯保持着密切的联系。在为"一批二十五万支来福枪和弹药已安全运到"对他表示谢意后，我在 2 月 28 日又给他发了一封电报：

> 由于西北海口地区的船舶损失率不断上升，以及到达英国的船舶吨位不断减少，我现在越来越着急。自从我上次和你见面以后，这种情况就越来越严重了。请告诉我什么时候才能通过（租借）法案。现在的战局越来越紧张。

不久，美国方面就传来了好消息。美国国会已经通过了租借法案，并且总统迫不及待地在 3 月 11 日就批准了法案。是霍普金斯最早将情况通知了我。我一收到消息，马上就如释重负，激动起来。物资马上就要到了。我们只要克服这一关就好了。

首相致霍普金斯先生：

感谢上帝，让我收到了这个消息。现在形势十分严峻。向你表达我最诚挚的敬意。

1941 年 3 月 9 日

前海军人员致罗斯福总统：

我们能在患难之中得到你们的及时援助，在此，我们谨向你和美国人民表达整个英国的祝福。

1941 年 3 月 9 日

2月9日，我在广播演说中曾说道，"只要给我们工具，我们就能完成任务"。这只是一种暂时的说法。我们需要的远远不止工具，但我们会尽力做到最好。

*　　*　　*

现在，就像财政大臣做财政预算一样，我们必须做出1941年的进口预算。等到3月底，所有有关方式方法的讨论与研究都已完成，因此，就海陆空三军的规模和性质，以及进口物资应达到的数量和特点，我会向战时内阁呈交我的最后提议。

进口计划
——首相备忘录

1. 我们可以假设1941年的进口额至少在三千一百万吨以上。那么，在此基础上，粮食的进口额不低于一千五百万吨，贸易部的进口额是一百万吨。留给军需部的进口额就是一千五百万吨，但军需部根据三千五百万吨的进口计划而得出的结果是一千九百万吨。因此，军需部的进口额就应减少四百万吨，并以此对计划进行修正。含铁金属、木材和纸浆应该是主要减少的进口物资。由于现在我们可随时从美国购买钢材，所以保留整个现有的钢铁工业是不必要的。我们必须采用最集中的方式，采取最短的路线来进口物资，这一原则同时也要应用到粮食进口方面。

2. 如果我们的进口总额下降到三千一百万吨以下，那么不足之数应从粮食部和军需部的进口额中核减，核减比例为粮食一吨和军需品两吨。同样，如果进口额超过三千一百万吨，那么超出之数也当按照同一比例进行分配。等到秋季，知晓了今年的收成情况后，我们将重新检查整体情况。

3. 关于我所做的有关陆军规模的备忘录，我已经收到陆

军部的回复，他们曾经用了三个星期来考虑这个备忘录。这份备忘录所涉及的事件都在 1942 年以前，而且还要根据事态的变化重新做出决定。我所提出的"约二百万"这个数字，按照陆军部的想法，可以解释为"两百一十九万五千（人）"，他们也已经对此做了相关的安排。对于我所提出的十五个装甲师的数字，陆军部提议用十二个装甲师和九个陆军坦克旅来代替，得到了批准，而且对于帝国陆军的总兵力到 1942 年 3 月要达到"标准师"的五十九又三分之一这一指标数字也得到了同意。由此得到的结果是，从现在起到 1942 年末，人力补充可减少约四十七万五千人。人数的减少，以及通过削减步兵与炮兵的数量来增加装甲部队，能在很大程度上减轻军需部在供应营房、服装和子弹这些方面的负担。

4. 我方曾在 1 月将"珀维斯计划"提交给罗斯福总统，就是为了告诉他我国陆军的总规模。现在，军需部希望对这一计划做出更加明确的规定，在修改之前，如果方便的话，也应将装甲部队所占比例的变化包括在调整工作之内。但重要的一点是，对于那些我们需要而又可能从美国得到的物资，一律不能少，尤其要拿到那额外十个师的装备。

5. 有关"海军计划"的内容虽然是在另一份备忘录上，但在此也可阐明下列与进口有关的原则。

留下来的三艘"英王乔治五世"级战列舰必须以最快的速度完工。"先锋"号是唯一能在 1943 年或在 1945 年以前竣工的主力舰，所以它的完工是重中之重的大事。另外，我们还需要一艘新的浅水炮舰。目前我们还不能着手建造任何其他的重型军舰，而且在今后的六个月里，我们也不能为海军的其他舰艇提供装甲板；同时也不能新设甲板工厂。等到 9 月 1 日，根据大西洋战役，以及美国与战争的关系，我们应该重新审视这方面的形势。

海军部对装甲板的需求，不得超过 1941 年规定的一万六

千五百吨，也不得超过为 1942 年规定的二万五千吨。如果在以上的限制范围内，军需部便可实施扩大坦克生产的项目。

6. 在 1941 年进口额为一千五百万吨的基础上，粮食部和农业部应当联合制订一项为期十八个月的计划，必要时还可以把我们的牲畜作为接下来六个月的肉类储备，但我们应借助大量进口的方法尽可能为我国在战时提供多元化食品。既然是以长达十八个月为期限，那应该可以避免政策朝令夕改，并且还可利用储备作为平衡因素，充分利用好分配的物资。

7. 在上述限制条件下，英国空军将利用已有的优先权和物资，尽最大努力发展。

1941 年 3 月 26 日

当以上这些明确的指示得到战时内阁的同意后，所有有关部门都应遵照执行，不能提出异议。

*　　*　　*

自从通过租借法案之后，我们同美国的关系日益密切。在我们施加压力下，他们以更加强硬的态度对待维希法国。德国战列巡洋舰最近的劫掠行径已经显现出了这类战舰的危害性，更别说不久之后它们还将得到"俾斯麦"号的增援。我们也担心德国人可能要控制法国舰队，把那艘快速战斗舰"敦刻尔克"号为他们所用。

我致电总统：

前海军人员致罗斯福总统：

1. 我们接到绝对可靠的消息：维希政府已经得到停战委员会的许可，为了"解除武装"，将由整个"斯特拉斯堡"分队把战舰"敦刻尔克"号从奥兰护送到土伦。

2. 由此看来，护送的目的肯定是为了修理，所以我们自

然可以假设，认为他们这是遵照德国的命令行事。

　　3. 此次护送将给我们带来多大的危险，想必也不用我来向你指出。德国海上的袭击军舰已经构成足够的威胁。如果他们的劫掠舰队再加上这样一艘军舰，这的确又会给我们增加一个难题。如果达尔朗海军上将说话算数，那我们希望他将采用最后的手段，命令能够出海的海军舰只全部离开法国本土的港口。但是，如果"敦刻尔克"号现在已经进入船坞，无法行驶而必须修理，那德国就有机可乘去夺取并占有这艘军舰。

　　4. 我非常担心，我们曾怀疑过达尔朗，恐怕这件事会证实我们对他最坏的怀疑。

　　5. 通过派驻维希的大使得知，你曾经向法国政府指出，如果把停泊在法国本土港口内的法舰转移到北非的大西洋沿岸港口，这将有助于关于供应法国非占领区粮食的谈判。但现在，达尔朗不但没有按照你的要求做，反而故意公然违抗你的命令。

　　6. 我非常希望你能立即向贝当元帅指出，如果达尔朗坚持这么做，那法国将停止对他的救济，最后还会失去美国的同情。在这种情况下，我们自己对供给法国粮食无能为力。但是事情还是有一线转机：贝当元帅或许会制止他这种做法，但如果不是因为这件事对我们非常重要，我们也不会不顾一切后果也要设法拦截和击沉这艘军舰。我希望你能明白这一步必须要走。

　　7. 当然，最重要的一点是，不能让法国人和他们的统治者发现我们可能采取第六点提及的那个激烈的方法。

1941 年 4 月 2 日

　　虽然情况紧急，但我要等到知晓总统的看法和所希望的局面后，我才会采取行动。

首相致第一海务大臣：

1. 如果接到罗斯福总统表示不反对我的提议的回复，我们不会攻击"敦刻尔克"号战列舰。如果他的答复中没有提到此事，则即可认为他是默许的。

2. 在接到回复后，第一海务大臣应与掌玺大臣协商，而且无须我参与，可自行做出决定。

3. 就我而言，我是非常支持进行这次攻击行动。可惜我们不能保证一定成功。攻击一艘有驱逐舰严加护卫的军舰，成功的希望或许只有百分之十。

4. 在我看来，维希政府是不会有激烈反应的。他们知道自己正在干的亲德勾当已经被人发觉。就法国人民而言，最简单的莫过于他们可以用广播反复向人民解释，声称这艘战列舰是在孤立无援的情况下不得不移交给德国的，因为一旦德军来袭，法国舰队中其他能够行动的舰船可以迅速驶离土伦的船坞，但这艘军舰却无法做到。

1941 年 4 月 3 日

*　　*　　*

次日，我们从总统的回电得知，因为"敦刻尔克"号在未来十天内都不会离开奥兰，那至少还可以再等几天再做决定。4 月 6 日，他告诉我们，美国派驻维希的参赞马修斯先生已经要求贝当元帅尽快约时间会谈。这个要求得到了贝当元帅的同意，但是，当马修斯表示要和贝当讨论"敦刻尔克"号的问题时，这位元帅明显不了解当中情况，便召见达尔朗。达尔朗来了后，自然，他说这则消息是从英国传来的，并且抱怨英国之所以这么做，是因为要让英国舰队成为地中海唯一的舰队。他承认他正要把这艘战列舰转移到土伦来，因为无法在奥兰修理该船，况且他也不打算把它留在那里。在过去，贝当和他曾以个人名誉发誓法国舰只不会落入德国之手，但现在他又再次做出这种保证。"敦刻尔克"号在短时间内不会马上离开奥兰，而且在十天或更长的时间内也不能做好准备。美国驻维希的大使馆人员相信这是实情，并且他们认为，就算把这艘战列舰带到土伦，8月底之前也不能服役。达尔朗当时说了很多反英的言论；贝当元帅答应给马修斯先生一份正式的答复。总统说，相比于相信自己的记忆，贝当更相信书面文字，因此，他可能在进行进一步更加仔细的研究后，会对我们所要求的给出承诺。

我向罗斯福总统表示了谢意，表示我会持续关注。

前海军人员致罗斯福总统：

1. 我非常感谢你对"敦刻尔克"号问题的积极干预。的确，三到六个月之内，土伦无法修好这艘军舰，那我们又何必老想着这个问题呢？关于达尔朗曾以个人名誉保证该舰不会落到德国人手里，但这种名誉是建立在不名誉之上的。在德国人拿下土伦之前，一艘在船坞里或在大修中的舰只大概也难以脱身。我们可以回忆一下，当初我们夺取在朴次茅斯和普利茅斯的法国船只有多容易，更别说德国的军官和特务一直守在现场。我们应当坚守我们的既定政策：反对把一切法国舰只从非洲港口调往由德国控制或者可能由德国控制的法国港口，鼓励一切反方向的调动。如果达尔朗把"敦刻尔克"号调到土伦，那他为什么不要求调动停在卡萨布兰卡的"让·巴尔"号或停在达喀尔的"黎歇留"号呢？因此，请尽力继续向他们施加压力。显而易见，这是最有效的办法，因为我们知道这艘舰艇将在4月的某个早晨驶出，而且一切准备工作都已完成。相比于卑鄙的达尔朗知道的事，贝当知道的还不如他一半。如果你施加的压力能制止达尔朗的行动，正如现在已经起到了作用，那比我们冒着危险采取激烈的行动要好多了。

2. 现在的问题是，及时把这则消息公之于众是否可能不利于遏制达尔朗的行动。你是否介意，如果我星期三在下议院发表类似这样的讲话："现在一直存在着这样一种危险：为了更好地作战，达尔朗可能把'敦刻尔克'号从奥兰调往土伦。这一行动将会对世界范围内海军力量的平衡产生影响，不仅会影响我们自身的利益，还会影响美国的利益。美国政府已向贝当元帅提出抗议，向维希政府表明：这一步是多么不符合法国的利益。英王政府当然会不得不把这视为希特勒唆使的一种威胁行为，视为达尔朗海军上将阴谋中的一步，目的就是成为深得德国信任的代表并由他一人掌控法国。在这种情况下，对于'敦刻尔克'号，无论是在海上航行或是在土伦修理，英王政府将保留对该舰采取任何合适行动的自由。如果这种情况真的发生了，英王政府将深深表示遗憾，因为，除了希望法国能摆脱德国的束缚并保持法帝国的国土完整外，英国对法国并无其他企图或政策。"希望你能告诉我，你对这样的讲话有何意见，以及你能否在幕后解决此事。

1941 年 4 月 6 日

4 月 9 日，我在下议院发表这样的讲话，由于维希政府屈服于美国总统的压力，"敦刻尔克"号事件终于得到了解决。两天以后，总统送给我一份法国正式复文的抄件。

4 月 4 日美国临时代办递交贝当元帅一份备忘录，请他注意以下一则消息：据称，法国政府"经威斯巴登停战委员会授权"后，正准备把"敦刻尔克"号从奥兰转移到土伦；而此时美国政府正希望法国海军进行相反方向的调动。这个备忘录接着写道，"如果法国要一意孤行，美国政府将不再继续法国所希望推行的政策：尽量对法国非占领区提供必要的救助，更别提其他渴望的合作了。"

元帅领导下的政府真心实意、大大方方地承认，它确实

打算让"敦刻尔克"号做好准备，准备在不久的将来转移到土伦。但是，这一步只有在主权完整和没有任何外国施加的压力下才会采取，而且仅仅是为了技术原因。

美国政府对此有充分的了解，1940 年 7 月，在受到一次恶意的攻击后，"敦刻尔克"号受到重创，许多法国人也因此而丧生。

按照该舰目前的状况，它可以航行，但是要在无水的船坞中才能进行最后的修理，而只有在土伦才具备修理条件，况且在北非或法国非占领区都没有像土伦那样足够大的船坞来容纳该舰。所以，这就是转移"敦刻尔克"号的唯一原因，而且转移也是必要的。虽然如此，美国政府似乎要在这次处理上加上政治意义，因此在这个问题达成协议之前，法国政府同意推迟该舰的准备工作。法国政府希望借此向美国联邦政府表明，为了保证法国在非洲和其非占领区的物资的正常供应，法国会真诚地竭尽全力去履行其承诺履行的政策。

但由于法国其中一艘最宝贵战舰的修理工作推迟到了后头，法国政府的自尊心和自身利益都受到巨大的伤害，甚至影响到其保卫法兰西帝国以及保卫法国海上运输的能力。

因此，法国政府希望，美国政府能利用其在伦敦的办事处出面周旋，获得英国政府的保证：只要"敦刻尔克"号还停留在北非，英国就不得夺取法国往来于法属殖民地、法属非洲与法国非占领区之间的合法商船。显而易见，法国正受饥荒的威胁，对于这样一个国家，如果它之前曾得到保证，商船不会受到追逐与袭击，但现在商船仍然处于危险之中，所以即使它使用一切保卫手段，也无可厚非了。

1941 年 4 月 11 日

当然，我们并没有做出这样的保证。这次罗斯福总统出面大力干预，让我们同维希法国的紧张关系得到了一定缓和。

TWO

大西洋之战：美国介入

美国提供的武装援助——冰岛的重要性——哈利法克斯航线——美国总统宣布国家处于无限期紧急状态——从船上起飞战斗机来对付"福克·沃尔夫"式轰炸机——停止公布每周船只沉没数字——我们的损失和持续的努力——港口内堆积货物的清理工作得到改善

如今，潜艇战发生了许多重大的转折。由于三名德国海上"王牌艇长"在 3 月份被我方消灭和我方防御措施的改进，潜艇战术因此受到了影响。由于敌人发现西部海口地区的战局过于激烈，于是把潜艇转移到更西边的海域。因为南爱尔兰方面拒绝我们利用它的港口，所以我们只有一小部分小型护航舰可以进入海港，而且在那里也得不到空中掩护。从联合王国海军基地到哈利法克斯一线上，护航舰只能在约四分之一的航程中对我运输船队提供有效的掩护。4 月初，在护航队到达之前，一支"狼群"部队在西经二十八度袭击了一支运输船队。在这场持久战里，二十二艘船中有十艘被击沉，一艘德国潜艇也被击毁。无论如何，我们都要想办法扩大我们的控制范围，要不然我们的日子就要到头了。

到目前为止，大西洋彼岸的美国对我们的援助还仅限于物资；但在目前形势日益严峻的情况下，依据三军统帅所享有以及美国宪法所规定的各项权力，总统开始为我们提供武装援助。他决不容许德国潜艇和突击舰逼近美国海岸，还要确保援助给不列颠的军火在运输途中至少一半路程的安全。早在 1940 年 7 月，他就派遣了一个海陆军使团访英，进行了一次"探索性的会谈"。到访之后不久，美国海军观察员戈姆利海军上将就见到不列颠百折不挠的决心和能抵挡眼前任何威

胁的能力，他非常满意。他要和英国海军部共同负责下面的事务，最大程度地发挥美国的力量：第一，继续执行现行政策，即"除了参战以外提供一切援助"；第二，一旦美国卷入战争，要同英国武装部队联合作战。

从一开始，两大英语国家便提出了大西洋联防的宏大设想。1941年1月，参谋人员在华盛顿进行了涉及整个战局的秘密会谈，并制订了一项联合的世界性战略。美国军事首脑同意，如果战火蔓延到美洲和太平洋，大西洋和欧洲就将被视为决定性战场。而关于必须要首先击败希特勒这一设想，美国就是据此援助大西洋战役。为满足大西洋联合远洋运输船队的需求，各项准备工作都已展开。1941年3月，美国军官访问大不列颠，为他们的运输船队和空军选择基地。而建造基地的工程也随即开始。与此同时，从1940年开始，美国在西大西洋英国领土内的基地建设迅速发展。而北大西洋运输船队最重要的基地则在纽芬兰的阿根夏。凭借这些基地和英国的港口，美国的武装部队可以在大西洋战役中发挥全力，或者说，这些措施在计划时，是预计能够发挥最大作用的。

在加拿大与英国之间的是纽芬兰、格陵兰和冰岛。这些岛屿都位于哈利法克斯港与苏格兰之间那条最短的，或者说是弧形航线的一侧。武装部队若以这些"踏脚石"为基地，可以分段控制整条航线。格陵兰岛资源匮乏，但是其余两个岛可以迅速派上用场。曾经有这么一句话：谁占领了冰岛，谁就像握着一把指着英国、美国和加拿大的手枪。正是基于这种想法，当丹麦在1940年遭受蹂躏时，我们在得到冰岛人民的同意下占领了该岛。现在我们可以利用该地来对付德国潜艇，于是在1941年4月，我们在该岛设立了基地，以供我国护航舰分队和飞机使用。冰岛由此成了一个单独的指挥区，而且我们据此把海上护航舰的活动范围扩展到西经三十五度。虽然如此，西面仍有一个缺口，暂时还无法弥补。5月间，一支从哈利法克斯港出航的运输船队在西经四十一度受到了猛烈的袭击，在我方潜艇护航舰赶到之前还损失了九艘船舶。

这时皇家加拿大海军的力量正在增长，他们的造船厂开始造出大量的新式护航快艇。在此危急关头，加拿大准备在这场生死攸关的斗争中发挥重要作用。从哈利法克斯港那支运输船队受损一事上，可以清楚地看到，如果要护航，就要对从加拿大到不列颠的航程进行全线护航。于是，在 5 月 23 日，英国海军部向加拿大和纽芬兰政府发出请求，请求把纽芬兰的圣约翰斯作为联合护航舰队的前哨基地。我们的请求立即得到了同意，于是，全线的连续护航终于在月底得以实现。从那时起，皇家加拿大海军便负责护航，倾尽全力保护那条远洋航线西段的运输船队。我们则负责从大不列颠和冰岛出发保护其余航线的舰只。尽管如此，可用的舰艇还是太少，难以完成护航的任务。这时，我们的损失急剧上升。截止到 5 月的三个月中，仅由德国潜艇击沉的船只就有一百四十二艘，共计八十一万八千吨。其中九十九艘，共约六十万吨是英国船。为此，德国人在北大西洋上一直保持十二艘左右的潜艇，此外，他们还在弗里敦附近海域发起猛烈攻击，试图打破我们的防御。在这片海域内，仅在 5 月，德国六艘潜艇就击沉了我方三十二艘船只。

* * *

在美国，总统正一步一步向我们靠拢，而且他有力的干涉很快就起到了决定性作用。由于我们认为在冰岛建设基地十分有必要，于是他也在同月采取行动，在格陵兰岛设立了一个专供美军使用的航空基地。据悉，在面朝冰岛的格陵兰东海岸，德国人已经建设了数座气象站，由此可见总统的行动十分及时。此外，根据其他决定，我们还可将在地中海或其他海域激战中受损的商船和军舰，送往美国的船厂进行修理，我们国内极其紧张的人力、物力因此得到了非常必要的缓解。总统在 4 月 4 日的电报中证实了这一点，而且他还提到，他已经拨出经费，打算另行修建五十八个船坞和两百艘船舶。

前海军人员致罗斯福总统：

1. 对于刚刚收到的由美国大使转来关于船舶情况的电报，我非常感激。

2. 在过去几个星期内，我们已经加强了对我国西北海口地区的护航，狠狠地打击了德国潜艇。现在，它们已经向西部海域移动，在我方护航舰赶往现场的前一日（即4月3日）早晨，在西经二十九度击沉了我方四艘船舶。对于驱逐舰和护航舰来说，击败德国潜艇不是大问题，但我们已经被折腾得筋疲力尽，顾此失彼了。如果你们能提供十艘快艇并配备好操作人员，我们将把他们安置在冰岛上。以冰岛为基地，他们巡航的有效半径可掩护我方运输船队，并与我方以英国为基地的护航舰的控制范围对接。在西北海口地区的另一重要因素就是远程飞机。而这种飞机正在陆续运来。现在，虽然我们的损失越来越严重，但我希望，这种威胁会在一个月或者六个星期后减小，到那时，我们将会有许多"旋风"式战斗机，它们能从商船上起飞，在危险水域内进行巡逻或护航。

1941年4月4日

一个星期之后，传来了一条大消息。4月11日，总统发来电报告诉我，对于从战争初期就已划定的所谓安全地带和巡逻区域，美国政府打算把其扩展到包括西经二十六度左右以西在内的全部北大西洋水域一线。为此，总统建议利用从格陵兰岛、纽芬兰、新斯科舍、美国、百慕大群岛和西印度群岛（以后可能会扩至巴西）出动的海军舰只与飞机。他敦促我们把运输船队的行踪秘密通知他，"如此一来，我们的巡逻舰只就可以在安全地带的新线以西找到任何敌国出动的舰只或飞机"。只要在美国的巡逻区域内发现任何可疑的敌国舰只或飞机，美国方面就会立即公布其位置。最后总统说道，"我不一定会就此发表特别声明。我可能会发布海军行动的必要命令，让时间去检验这个新的巡

逻区域"。

我把这封电报转到海军部，整个人都轻松了。

前海军人员致罗斯福总统：

　　关于大西洋的重要消息，我本来打算发电报更加详细地回复你。海军接到这个消息后，非常放心和满意，而且已经准备了一份技术文件。既然戈姆利海军上将在两天左右后到达，所以他们想知道是否应该在这份文件发出之前先跟他商量一下。我不知道戈姆利是否知道这件事。这件事非常紧急也非常重要。目前约有十五艘潜艇在西经三十度活动。当然，最有效的应急措施就是让美国的水上飞机从格陵兰岛出发。

1941 年 4 月 16 日

　　两天之后，即 4 月 18 日，美国政府宣布了那条沿着西经二十六度划定东西半球的分界线，正是总统在 4 月 11 日的电报中所提及的。随后，这条分界线逐步成为美国实际海上边界线的所在。这条分界线包括了英国在美洲或邻近美洲的领土、格陵兰岛和亚速尔群岛，并且在不久以后又向东扩，把冰岛也包括在内，这些地方都划分在美国范围之内。根据这项声明，美国军舰将在西半球海域负责巡逻，并将这一区域内敌人的任何风吹草动随时通知我们。但由于美国仍然是非交战国，所以还不能在这一阶段直接保护我们的运输船队。英国依然要单独负责运输船队全程的安全。

　　这时，英国和美国的海军首脑正为亚速尔群岛的形势而忧心忡忡。我们非常怀疑敌人正计划夺取这些岛屿来作为潜艇和飞机的基地。亚速尔群岛靠近北大西洋的中心，如果敌人占领了该地，将会在南面极大威胁我方船舶往来的安全，就像在北面冰岛产生的威胁一样。英国政府方面不能容忍出现这样的局面。葡萄牙政府在充分意识到这对他们本国造成的危险后，曾发出紧急呼吁作为回应，我们已经计划并准备编成一支远征军来阻止德国的行动。此外，如果希特勒进军西班牙，我们也制订了占领大加那利群岛和佛得角群岛的计划。但当我们清楚地知道希特勒已经把目光转向苏联时，派遣远征军的计划就不着急了。

前海军人员致罗斯福总统：

1. 对于你在4月11日的来电，我现在给你做出详细的答复。我之所以迟迟未回，是因为我在等戈姆利海军上将，他到达英国的日期一直没有定下。第一海务大臣曾同戈姆利讨论了很久，根据讨论的结果，他向我提出了以下几条意见：

2. 在大西洋战役中，我们面临的不仅是敌机对我们海岸周围安全的威胁，还有两个主要问题，即德国潜艇和袭击舰艇造成的威胁。

3. 当德国潜艇在西北海口地区的西经二十二度一带活动时，我们成功解决了这些祸害。不管是因为我们做出的努力抑或是其他原因，它们现在在西经三十度附近活动。

4. 但是，多亏美国派来的驱逐舰，加上现在可以利用冰岛作为护航舰只的加油站，我们已经能够逐步提升我们护航舰队的实力了。

5. 我们可以做出预料，敌人对此的反应可能是派遣潜艇继续深入西部海域，而且由于大多数潜艇都是以洛里昂或波尔多为基地，因此相比于现在，从基地出发算起，他们无须派潜艇走更远的路程就可以做到这点。

6. 因此，在西经三十五度以西和格陵兰以南这片区域，很可能会成为下一个危险海域，而且我们还难以应付。这样一来，如果能从格陵兰岛对这一海域进行空中侦察，将具有极大的价值。因为一旦我们发现了一艘潜艇的位置，我们便可以发信号来更改运输船队的航线，从而远离危险。

7. 另外一片我们觉得棘手的海域，是从弗里敦经过佛得角群岛到亚速尔群岛一带。由于在这条航线上的船只续航力不足，我们的运输船队不能在西面过远的航线上航行。事实

上，只有减少运货的重量、增加携带的燃料，它们才能在这条线上航行。我们正尽力为这些运输船队提供适当数量的护航舰只，但还是不够。因此，如果一艘美国航空母舰的空中侦察范围能覆盖运输船队前方一段距离的海域，那将是很有帮助的。

8. 要把运输船队的行踪通知美国海军当局并不难。

9. 而对于袭击舰艇来说，最危险的地方就是纽芬兰附近的海域，因为我们有大量没有护航的船舶在这一海域行驶。简直就是"沙恩霍斯特"号和"格奈森诺"号的囊中之物。如果能再从纽芬兰或新斯科舍增加远程空中侦察，将对我们有很大的帮助。

10. 我们希望在新斯科舍或纽芬兰驻扎一艘实力强大的主力舰，对于我们所获得的关于袭击舰艇活动的任何情报，它都可以利用。

11. 在我们的贸易航线上和西经二十六度以西有很多海域是敌人可能活动的区域。在南大西洋和北大西洋，在我们贸易航线的附近，也有一些海域有敌人的供应舰只出没，可为舰艇添加燃料。到现在为止，我们都没有能力搜索到这些海域，因为我们没有可用的舰只。如果我们知道要对任何特定的海域进行侦察，我们会想方设法派一些舰艇到附近，它们有能力对付任何在那里的敌方袭击舰艇。仅仅是在这些海域进行空中侦察就足以使敌人头痛，何况你们的舰只还能传送情报。

12. 据悉，英美军舰互通秘信的办法早就商量好了。

13. 这一条仅供你个人参考。除此之外，还有一个与上述问题息息相关而且令我和海军参谋部都越来越担心的问题。面对德国不断施加的越来越大的压力，西班牙和葡萄牙的抵抗能力可能随时都会丧失，直布罗陀也会因此无法再使用。到时候，德国人不需要调大军穿过西班牙，只要他们能控制足以妨碍港口运转的炮台，而要想做到这点，只需几千名炮兵和技术人员足矣。关于丹吉尔，他们已经开展了一些他们惯用的初步渗透措施，因此直布罗陀海峡的两岸可能很快就会落入敌人炮兵专家之手。

14. 当然，如果西班牙选择投降或遭受攻击，我们将派出两支蓄势待发已久的远征军，一支从不列颠出发，进驻亚速尔群岛之中的一个岛屿，随后再进驻第二个岛屿；另一支将以同样的办法进驻佛得角群岛。但从接到信号那日算起，这些行动将耗时八天，也无法保证德国人不会先发制人。由于我们还承担着其他方面的责任，因此没有能力进行不间断的监视。如果你能尽早把一支美国分舰队派来，在这一带进行巡航，这将会有极大的帮助，这或许能够警告纳粹袭击舰艇，我们得以经常进入这一带海域，也可以向我们提供宝贵的情报。

15. 我曾同福雷斯特尔先生进行过长谈，而且在明天晚上，我将同他和哈里曼研究默尔西河区域的局势，这对西北海口地区意义重大。

1941 年 4 月 24 日

同时，根据海军部和戈姆利海军上将的会谈成果，我们已经和美国商定了美国在大西洋方面援助我们的详细计划。

前海军人员致罗斯福总统：

1. 在听到有关"海军西半球防御第二号计划"的消息后，我十分高兴。这项计划几乎完全覆盖了我在电报中提及的要点，而那封电报与美国官方电报是同时从两头发出的。你们的行动十分快速，给我留下了深刻的印象。我们刚刚接到报告，声称有一艘海面袭击舰正活动于百慕大东南约三百英里的海域。我们将尽力把运输船队和其他情况通知美国舰队总司令。戈姆利海军上将正与海军部保持密切的联系，将马上对参谋人员进行必要的安排。

2. 关于英国来往于好望角的船只航线，它是根据某些海域中是否可能有德国潜艇的踪影而变化的，但目前走的航线是西经二十六度以西，而且只要有可能，今后将继续使用这条航线。

3. 我们欢迎美国海军在我国西北海口海域采取积极措施来准备基地事宜……你现在已经进行的行动将极大地助大西洋战役一臂之力。

当然，我们会严格保密。但我相信你会意识到，针对这方面的情况，如果你以任何方式透露或宣布内情，便很有可能在关键时刻极大影响到土耳其和西班牙的态度。

1941 年 4 月 24 日

总统的政策影响深远。当皇家加拿大海军和美国海军接过我们的重担后，我们继续与敌军奋战。美国越来越频繁地参与到战争当中，而 5 月底"俾斯麦"号闯入大西洋的举动更是加速了这种世界趋势的进展。这件事将在合适的章节中提到。5 月 27 日，"俾斯麦"号被击沉，总统在当天宣布："战火正蔓延到西半球的边缘……大西洋战役现在已从北极的冰冻海域扩大到南极的冰封大陆。"他说，"如果坐等他们（敌人）进入我们的前方战线，那就是自寻死路……所以，我们已经将我们的巡逻范围扩大到南大西洋和北大西洋。"在演讲差不多结束时，总统宣布"国家将进入无限期的紧急状态之中"。

*　　　*　　　*

有充分的证据表明，对于美国扩大其巡逻范围的行为，德国人非常不安，而且雷德尔海军上将与邓尼茨海军上将曾恳请希特勒，扩大德国潜艇的行动范围，允许它们在美国海岸活动，而且准许它们对编入运输船队或在夜间航行时没有亮灯的美国舰只发动袭击。但遭到了希特勒的坚决拒绝。他一直害怕一旦同美国交战所引发的后果，而且坚持德国武装部队应避免挑衅美国。

*　　*　　*

由于敌人作战范围的扩大，其训练也做了一些调整。到了6月，除了训练用的潜艇以外，在海上活动的潜艇有三十五艘，但在操纵这些新潜艇的人员中，新手的数量远胜训练有素的人员，尤其缺乏有经验的艇长。新潜艇上"能力欠佳"的艇员，大多数是些没有实战经验的年轻人，艇员越来越没有毅力，技巧也越来越差。而且因为战斗的范围已扩大到更远的海域，这就断绝了潜艇与飞机联合作战的可能性。大部分德国飞机并没有安装海上作战的装备或进行与海战相关的训练。但即便如此，在上面谈到的3、4、5这三个月里，我方被飞机炸沉的船只仍有一百七十九艘，共计五十四万五千吨，主要是在沿海地区。其中，正如前文所描述的，有四万吨的损失是在5月初敌人对利物浦船坞进行的两次猛烈空袭中被毁的。幸好德国人没有继续轰炸这个遭受重创的目标。但与此同时，磁性水雷这种令人防不胜防又极具隐蔽性的武器一直在威胁我们沿海一带，它们时不时能成功几次，但我们的防御措施还是略胜一筹。到了1941年，触雷沉没的船只已经减少了很多。

到了6月，在加拿大和美国的援助下，我们在领海内和大西洋上的安全防御得到了稳步的发展，开始再一次稳居上风。我们正竭尽全力去提高护航舰只的组织工作，与此同时，为了帮助它们更好地执行任务，我们努力发展新武器以及新设备。当前我们最需要的是数量更多、速度更快的和续航能力更持久的护航舰以及更多的远程飞机，尤其是性能强大的雷达。只靠以海岸为基地的飞机远远不够，每一支运输船队都需要能从船上起飞的飞机，方便在白天侦查任何袭击范围以内的潜艇，强迫其潜入水中，阻止它联系或发送信息，召集其他潜艇赶来现场。即便如此,在这一阶段,我们海上空军力量的作用主要还是负责侦察。我们的飞机能够发现潜艇的踪迹并强迫它们潜入水底,但还不具备击毁它们的能力,而且其能力在夜间也会大大受限。此外,在潜艇战中,空军的强大杀伤力也还没有发挥出来。

然而,对于"福克·沃尔夫"式轰炸机,空中武器迅速就能起到作用。利用安装在普通商船和由皇家海军操作的改装舰只上的弹射器,我们发射的战斗机很快就抵挡住了这种袭击。战斗机被弹射出去,就像冲向猎物的猎鹰。

"福克·沃尔夫"式轰炸机在空中遇到了挑战,已经不再像以前一样协助潜艇,并且它逐渐变成了猎物,不再是狩猎者了。

* * *

以下数据显示了在这艰难的几个月里,我们因敌人的行动而受到的损失,由此可以看出这场殊死搏斗的惊险:

月份	总吨数
1 月	320000
2 月	402000
3 月	537000
4 月	654000
5 月	500000
6 月	431000

4 月份的数字,当然包括了在希腊附近作战时的额外损失。

* * *

我一直持续关注着船舶的损失情况。

首相致新闻大臣：

从即日开始，停止对外公布每周的船舶沉没数字，也就是说，从下星期二起不再公布相关信息。如果报界询问为何还未公布本周数字，就说是以后的信息发布由每周一次改为每月一次。如果有评论说，我们之所以害怕每周公布沉船数字，是像你说的那样，因为我们"想要隐瞒最近的船舶损失"，那你便可答复说："对，我们就是准备这么做。"很明显，敌友双方都说各自有理，但最后还是要由事实来决定。最近，我们还要忍受许多比这类评论更糟糕的事情。

我会亲自在下议院回答任何与此有关的疑问。

1941 年 4 月 14 日

首相致爱德华·布里奇斯爵士、伊斯梅将军及大西洋委员会其他有关成员：

1. 我们不打算将安装了飞机弹射器的船只当作普通货船使用；无论如何，这类船只的数量不可能达到之前提到的两百艘。

2. 像"飞马"号一样，现在有五艘装有飞机弹射器的巡逻船只工作。第一批十艘装有飞机弹射器的商船应当尽早参与其中，而且这十五艘船只必须进行经常性的巡逻，以便保护或护送在"福克·沃尔夫"式轰炸机活动海域内的运输船队。

3. 在这些船只中，有些商船可能重量更重、速度更快、价值更高，超出了这项巡逻工作的需要，因此应尽快用海运部派出的其他较小的船只来代替。我们已经安装了飞机弹射器的大船，由其他船只代替，可以在弗里敦到不列颠的这条线上往返航行。由于它们每次都有可能要驶过两片危险海域，因此那些由弹射器射出的"旋风"式战斗机就有了用武之地。

4. 如果投入西北海口地区巡逻的这十五艘船是有用的，且还有必要增加的话，那就应提出意见。同时，现在执行巡逻任务的"勇士"式战斗机应当退还给战斗机司令部，他们在夜间战斗的时候急需用到。

1941 年 4 月 28 日

* * *

我们曾以最快的速度开发和扩大我们在加拿大与冰岛的基地，并相应地筹划我们的护航工作。对于较旧的驱逐舰，我们增加了它们的燃料装载量和活动半径。在利物浦新成立的联合司令部全心全意地投入到这场战争中。由于有了更多的护航舰参加战争，而且工作人员又越来越有经验，于是，诺布尔海军上将便把它们一起编入在分队司令指挥下的永久分队。这样一来，队伍就培养出了必要的合作精神，士兵们也习惯了团队合作，并且对司令官的战斗方法也十分了解。这些护航舰分队的工作效率越来越高，它们的力量在增长，而敌军潜艇的力量却逐渐衰退了。

* * *

6 月，罗斯福总统提出了一个重要举措。他决定在冰岛建立一个基地。经双方同意，美国军队将替代英国守军。7 月 7 日，美军抵达冰岛，于是该岛便划到西半球防御体系内。随后，美国军舰定期护送美国运输船队往返于雷克雅末克。因此，虽然美国那时候还未参战，但却允许他们的护航船队保护外国船只。

在危险重重的几个月中，那两艘德国战列巡洋舰却一直停在布雷斯特港内毫无动静。看起来，它们随时都有可能再度闯进大西洋，引起更大的麻烦。由于皇家空军的存在，它们一直按兵不动。空军多次轰炸停泊在港内的这两艘敌舰，取得了极好的效果，所以它们终年没

有驶出港口。不久后，敌军想让这两艘巡洋舰回国，但一直未果，直到 1942 年才办到。不久，希特勒入侵苏联的计划大大缓解了我们空军的压力。为了这一新开辟的战场，德国空军必须重新进行力量部署，因此，5 月份后，它们缩小了对我方船舶的空袭规模。

* * *

在对大西洋战役中所有起作用的已知因素进行深入分析后，我们预测到了一些有价值的结果。一个非常有利的条件是：在通过众多决议的整个过程中，我们一直都是万众一心，而且身为首相，我拥有同僚授予我的充分权力，有利于我在广泛的行政范围内进行必要的统一指挥。当我作为国防大臣去主持作战机构时，机构得以准确执行所有的决议。

根据海军部提供的材料，6 月底的时候我向下议院做出报告：在北大西洋上，英国船舶因空袭而受损的数字已经明显下降：

月份	总吨数
2 月	86000
3 月	69000
4 月	59000
5 月	21000
6 月	18000

在 3 月 6 日发出的指示中，我打算到 7 月 1 日把原来一百七十万吨因为需要修理而不能行驶的船舶修复四十万吨。在这之后，我们的想法更大了，到 7 月 1 日要修复七十五万吨船只。然而实际上，我们修复了七十万吨。这种成绩是在 5 月初默尔西河与克莱德河的不间断空袭下取得的。而关于我们得到的一批数量可观的新增船舶，它们是额外一笔收获，它们之前是被认为修不好的无用船舶，现在经能干的打捞处捞起后便被列入修理清单之内。由于我们一方面想方设法，另

一方面又大大减少了船舶的周转时间，所以我们每天周转省下的时间相当于一年可输入二十五万吨的实际物资。

这些工作之中还有许多复杂的内情。我们一直不能安排好一艘船在最方便的港口卸货。由于一艘船装了好几种货物，所以它可能需要在好几个港口卸货，因此增加了在经过沿海一带时受到轰炸或触雷而被毁的可能性；而且这些港口本身又随时会受到空袭并短暂陷入瘫痪，特别是东海岸的港口，更加危险。伦敦港是我们最大的港口，由于向东海岸派遣大型舰只会遭到飞机、鱼雷快艇和水雷的袭击，所以那里基本上是用不了的。于是，那些任务就不能全部由东海岸的港口负担，转而大部分由利物浦、克莱德河和布里斯托尔海峡这些西部港口负责。即便如此，在不断地努力下，伦敦港、恒伯河和东海岸位置更靠北的港口，即使在困难时期也始终对沿海船舶和一部分远洋船舶开放。

＊　　＊　　＊

在战争白热化之际，我做出了在我战时任期中最重要也是最幸运的一个任命。1930 年，当我离职时，我接受了一个董事的职位，这是我人生中第一次也是唯一的一次。这是因奇卡普勋爵名下一家公司分支机构的职位，这些分支机构遍布伊比利亚半岛和东方航线。在八年的时间里，我定期出席每月一次的董事会议，并且尽心尽力履行自己的职责。在这些会议上，我渐渐发现了一个有能力的人。他负责了三四十家公司，而与我有联系的那家公司只是其中的小小一个。我很快就看出弗雷德里克·莱瑟斯是这个联合企业的大脑中枢，有非凡的驾驭能力。他知道所有事情，也绝对可信。多年以来，我一直在我的小职位上密切地关注他。我是这样对自己说的：如果再爆发一次战争，这里就有一个人能起到大作用，就像 1917 年和 1918 年在我的领导下负责军火部的那些伟大的商业领袖一样。

莱瑟斯自愿来到海运部是在 1939 年战争爆发的时候。当时我在海军部工作，与他并没有什么接触，因为他的职责是特殊的，而且是另

有所属。但现在是 1941 年，正是大西洋战役紧张的时候，急需把我们的航运管理同运输供应品的所有事情结合起来，这些供应品是靠铁路和公路从遇袭港口运来的，我想到了他。5 月 8 日，我去拜访他。经过一番仔细讨论后，我们打算把海运部和运输部改组为一个统一的机构。我请莱瑟斯前来负责这一机构。我之所以设置了军事运输大臣这一职位，就是为了要给予他必要的权限。当我向下议院提请授予某人大臣级高位时，我总是非常忧虑如果此人多年来都未曾在下议院被人提及过，未能入阁的老练议员可能会刁难新成员，而新人又总是过分担心必须准备和发表的演说。因此，我提请国王赐给这位新任大臣以爵位。

从这时起到战争结束，莱瑟斯勋爵一直负责军事运输部的全部事务，而且他的声誉在随后四年越发高涨。在国内，他获得了三军参谋长和各部的信任，而在重大的领域内，他同美国的重要人物建立了亲密而融洽的关系。同莱瑟斯关系最为紧密的是刘易士·道格拉斯先生，他起先在美国海运部任职，后来又出任驻伦敦大使。莱瑟斯在处理作战事务上帮了我很多。我交给他的艰巨任务几乎没有做不到的。有好几次，面对再调运一个师或者把它从英国舰只移往美国舰只上或者其他紧急事项这些问题上，所有相关人员和部门都束手无策，我就亲自向他求助，而困难就像变魔术般一下子就解决了。

* * *

在 6 月 25 日的下议院秘密会议中，我转达了一些令人欣慰的情况，港口堆积物资清理的情况有所改善。

> 我从不允许为我们港口的拥堵找任何借口去解释，因为尽管困难重重，可是实际上我们只是处理并预计处理了战前运输量的一半左右。但无论如何，我们正在竭尽全力。为了更快地运输那些放在易遇空袭的码头旁边的货物，国会特别

委员会曾建议在内地成立分类仓库。这样的仓库有六座正在兴建中，以供西海岸各处港口使用。第一座仓库有一部分等到 9 月份就可以投入使用。为了最大化利用南威尔士的各港口，我们正从新港到塞文河隧道的铁路铺设双轨，而这条双轨线已经有一部分在使用中。在我国西部，某些内地铁路枢纽正是交通运输的拥堵地点，因为它们承担的交通运输量已超过了兴建时所预计的限度。所以铺设双轨的举动即将能疏通这些拥堵地点。而我们在合适的港口卸货已经取得了极大的进展，这不但能减轻运输压力，而且在遇到非常猛烈的袭击时，也可以作为一种替代办法。

我们正在增加起重设备，既要安装在新的紧急港口里，又要使现有的港口设备在遇袭时有更大的余地。单单在 5 月份，就有一百三十架活动式起重机从英国工厂和美国运来，而在过去的四个月中，每月平均才运来五十架。

据此，我认为可以向下议院提出请求，要求（命令已经在事前发出了）停止每周公布我方船舶吨位损失的数据，因为敌人能从中得到很大帮助，但对于报界和国会来说，他们只是觉得它如何重要而已。就像上面说的一样，在 4 月间，我已经发出包含有这种意思的指示。我现在说："我相信不仅是德国人会大声怒吼，我国某些善意的爱国者也会大声怒吼。那就让他们大吼吧。我们必须要考虑我们的水兵和商船水手，想到我们同胞的生命和我们国家的存亡，他们正面临致命危险。"

听到这种种说明后，下议院似乎非常放心，非常支持我。我说：

如果我们能在今年秋天抵抗或阻止敌人真正的入侵，那我们就可以借助美国现在承担的义务来度过 1941 年。到了 1942 年，我们希望能获得绝对的制空权，这样就可以狂轰德国，之前德国控制欧洲大西洋沿岸各港口让我们处于劣势，

现在可以趁机扭转局面。如果我们能让敌人无法利用他们占领的大西洋沿岸港口和飞机场，或者大大降低这些地方的效用的话，那么等到了 1942 年，我们拥有了大量武器，就有理由说，这一年来我们遭受的苦难，比起现在必须忍受和已经熬过来的磨难，也不算什么了。

因此，我在最后的时候这样说道：

我只补充一句话。我们不要忘了，敌人也有自己的困难，其中有一些困难是非常明显的。另外可能还有些困难他们比我们更清楚。历史上所有轰轰烈烈的斗争，都是在处于劣势或势均力敌的情况下，凭着顽强的毅力奋战到底而取得胜利的。

第三章
THREE

南斯拉夫

南斯拉夫的危险——德国收网——保加利亚遵守三国同盟条约
——在贝尔格莱德发生的光荣革命——德国计划被打乱——巴尔干集
团未能成立——希特勒威胁匈牙利——南斯拉夫在阿尔巴尼亚的机会
——混乱与瘫痪——我发出呼吁和警告——执行"惩罚"作战计划
——一只茫然的熊

　　前文提到过，1934年10月，南斯拉夫国王亚历山大在马赛被杀一
事①，拉开了南斯拉夫瓦解崩溃的序幕。自此南斯拉夫在欧洲的独立
地位便有所下降。在政治上，法西斯意大利与它敌对；在经济上，希
特勒德国入侵东南欧，更是加速了南斯拉夫衰退的进程。由于国内失
稳，加上塞尔维亚人和克罗地亚人相互敌对，这个地处南欧的斯拉夫
国家元气大伤。保罗亲王儒雅软弱，在他摄政期间，南斯拉夫王国的
威望日益衰退。麦契克博士，克罗地亚农民党的领袖，坚守不与贝尔
格莱德政府合作的原则。在意大利和匈牙利的庇护下，克罗地亚极端
分子在海外基地策划着让克罗地亚脱离南斯拉夫的阴谋。贝尔格莱德
政府不愿再与巴尔干势力的小协约国合作，因为它签订了同轴心国和
解的"现实"政策。斯托亚丁诺维奇先生拥护这一政策，1937年3月
25日，他签订了意大利—南斯拉夫协定。而一年之后发生在慕尼黑的
事似乎证明了他的这个态度是正确的。由于克罗地亚农民党和塞尔维
亚反对党结成联盟，且塞尔维亚反对党有密切联系德意的嫌疑，斯托
亚丁诺维奇在国内的地位有所下降，在选举中大败，并于1939年2月

---

　　① 见本套书第一册第六章。

被迫辞职。

南斯拉夫新任首相茨维特科维奇和外交大臣马科维奇力图与不断壮大的轴心势力取得和解。1939 年 8 月，他们和克罗地亚人达成协议，麦契克进入贝尔格莱德政府。同月，传来了德苏订立协议的消息。尽管意识形态不同，但出于斯拉夫人的天性，塞尔维亚一向倾向于苏联。苏联在慕尼黑会议时期所持的态度，曾使他们保有东欧仍可以统一的希望。现在，在签订了这项能左右命运的德苏协定后，巴尔干各国的命运似乎一下子就落入轴心国手中。由于法国在 1940 年 6 月沦陷，南欧斯拉夫人失去了他们长久以来的友人与保护者。而苏联人暴露了他们对罗马尼亚的企图，还占领了比萨拉比亚和布科维纳。1940 年 8 月，维也纳会议上，德意两国把特兰西瓦尼亚划给了匈牙利。他们对南斯拉夫布下的网正在一步步收紧。1940 年 11 月，马科维奇首次秘密前往贝希特斯加登。在没有正式签订有关他的国家对轴心国承担的义务协定前，他便逃走了。但在 12 月 12 日，马科维奇还是同轴心国匈牙利订立了一项友好条约。

*　　*　　*

这类事情越来越多，这让我们开始警惕。在这种氛围下，保罗亲王尽力保持中立政策。南斯拉夫或者邻国的任何风吹草动都有可能激怒德国人向南进攻巴尔干半岛，这让他担心不已。

首相致外交大臣：

今天从贝尔格莱德发来一些关于保罗亲王观点的电报，内阁应该仔细考虑一下这些电报的内容。这些电报没有改变我的看法。是否让韦维尔访问雅典，应当由希腊人来决定。同时，德国人的态度也应当由希腊人来判断。

其次，如果德国人要南进，他们并不需要什么借口。看上去，他们正在按照一个经过深思熟虑的计划行事，而它的进程似乎并不会因我们任何的小举动而有所加速或推迟。看来，我们手中关于德国动向的证据是正确的。看到这个证据，保罗亲王感觉自己就像不幸和一只老虎关在一个笼子里的人，时刻担心惹怒老虎，殊不知老虎的进餐时间就快到了。

1941 年 1 月 14 日

　　时局日益紧张，到了1941年1月底，奉美国政府的命令，罗斯福总统的朋友多诺万上校来到贝尔格莱德，听取东南欧的意见。由于担心美国要统治他们，各位大臣和主要的政治家都不敢说出他们的想法，保罗亲王则拒绝了艾登先生提出的一次访问。只有一个人例外。一个叫西莫维奇的空军将官，武装部队军官团中的民族主义代表。他的空军司令部就设在泽蒙，与贝尔格莱德隔河相望，从12月起，那里就成为秘密反对德军侵入巴尔干、反对保守的南斯拉夫政府的中心。

　　2月14日，茨维特科维奇和马科维奇应召来到贝希特斯加登。希特勒对他们说，战无不胜的德国威力无穷，还强调柏林和莫斯科之间关系亲密。希特勒建议，如果南斯拉夫拥护三国同盟条约，进攻希腊时，德军就不会行军穿过南斯拉夫，而是仅仅借用它的公路和铁路来运送军用品。怀着沉重的心情，这两位大臣回到贝尔格莱德。加入轴心国可能会激怒塞尔维亚人；对德作战则可能有违克罗地亚的忠诚。希腊大概是巴尔干半岛的唯一盟国，正在与二十多万的意军苦战，还面临德国即将发动进攻的威胁。英国的援助似乎只能起到象征性的作用。为了让南斯拉夫政府如愿投降，希特勒继续对南斯拉夫进行战略包围。3月1日，保加利亚选择拥护三国同盟条约，就在同一天晚上，德国的摩托化部队到达塞尔维亚边境。为了避免激怒德军，南斯拉夫毫无动静，可现在必须要做出抉择了。

　　3月18日，保罗亲王离开贝尔格莱德，秘密前往贝希特斯加登进行访问。顶着重压，他口头承诺南斯拉夫将效仿保加利亚。然而，在回国之后的一次王室会议和同各位军政首脑分别举行的谈话中，他发现了有很多人提出反对意见。辩论十分激烈，但德国的最后通牒却是动真格的。西莫维奇将军应召前往白色宫殿（高山之上能俯瞰贝尔格莱德的保罗亲王寓所），他坚决反对投降德国。塞尔维亚不会接受投降的决定，王朝也会面临危险。但实际上，保罗亲王已经背叛了他的国家。

＊　　＊　　＊

我在伦敦想方设法地鼓励南斯拉夫抵抗德国。3 月 22 日，我致电南斯拉夫首相茨维特科维奇博士。

阁下：

　　毫无疑问，希特勒和墨索里尼最终将一败涂地。各个英美民主国家分别已宣布了自己的决心，任何谨慎小心、目光长远的人都不能对此有所怀疑。凶残的德国佬仅有六千五百万人，大多数都在镇压奥地利人、捷克人和波兰人，或是在侵略被他们欺压、掠夺的许多其他古老民族。然而，仅算上本土和英属自治领，大英帝国和美国就有将近两亿人民。我们的制海权不容挑战，而且在美国的帮助下，我们也将很快获得空中优势，这将会在战争中发挥决定性作用。大英帝国和美国拥有更多的财富和技术资源，它们的钢铁产量比世界上其余国家的总和还要多。他们下定决心要制止德国践踏自由之事业，要制止万恶的独裁者逆世界进步之潮流，其中一个独裁者已经被打得千疮百孔，无力回天。我们知道，所有真诚的塞尔维亚人、克罗地亚人和斯洛文尼亚人的心，都在为他们国家的自由、完整和独立而跳动，和英语世界的人民一样憧憬着未来。如果南斯拉夫在此时自甘堕落，效仿罗马尼亚，或者犯下和保加利亚一样的罪行，暗中伤害希腊，那它将注定毁灭，早晚都会面临战争，现在投降只不过是晚些参战罢了。等到那时，勇敢的南斯拉夫军队将在没有任何希望和物资救援的情况下孤军奋战，四面楚歌。而在另一方面，如果南斯拉夫能及时把握住大好机会，便能得到战争史上难得一见的良机。如果南斯拉夫和土耳其、希腊并肩作战，加上大英帝国的全力支持，便可阻止德军带来的灾祸，和上次大战一样获得最后的胜利。我确信阁下能够认清世界的局势。

　　　　　　　　　　　　　　　　　　　1941 年 3 月 22 日

　　但在 3 月 24 日的晚上，茨维特科维奇和马科维奇悄悄离开贝尔格莱德，从郊区的一个火车站登上了开往维也纳的火车。第二天，在公众和媒体都不知情的情况下，他们在维也纳同希特勒签订协议。返程的阁僚们将合约提交至南斯拉夫内阁后，三位同僚辞职，贝尔格莱德的各个咖啡馆里人们私底下都在传言即将大祸临头。

　　这时，我向坎贝尔先生发出了指示，他是我国驻贝尔格莱德的公使。

　　　　你千万不要和保罗亲王或各位大臣产生任何嫌隙。你要继续据理力争，要求谒见。不能让他们回复你一个"不"字。要跟紧他们，让他们明白，德国人已经理所当然地认为这个国家要亡国。我们已经没有时间去责备他们或者体面地与他们告别了。同时，如果你发现现任政府已经不能悬崖勒马，那就不要忽略我们可能不得不采取的任何替代办法。你之前做的各项工作非常好，希望你能想尽办法继续努力。

　　　　　　　　　　　　　　　　　　　1941 年 3 月 26 日

　　　　　　　　　　＊　　　＊　　　＊

　　在几个月里，西莫维奇周围的少数几个军官一直计划，如果政府向德国投降，他们便直接行动。他们精心准备了革命性的一击。在这个计划里，起义的首领是南斯拉夫空军司令博拉·米尔科维奇将军，协助他的几百名爱国人士中有一位是陆军军官克尼兹维奇少校和他的弟弟。克尼兹维奇少校的弟弟是一位教授，他曾凭借自己在塞尔维亚民主党中的地位，同各方建立了政治联系。这一计划只有少数可靠的军官知道内情，而他们的军阶基本上都是在上校之下。从贝尔格莱德到全国主要的驻防地点，如萨格勒布、斯科普里和萨拉热窝等地，他们建立起了一个联络网。而这些勇士在贝尔格莱德掌握的势力有王室近卫军两个团，不包括团长；贝尔格莱德卫戍部队的一个营；负责王宫的一个宪兵中队；部分驻扎在首都的高射炮师；以西莫维奇为首、驻在泽蒙的空军司令部；一些士官学校和某些炮兵和工兵部队。

　　3 月 26 日，南斯拉夫大臣等人自维也纳返程并同德国签订协定的消息传遍了贝尔格莱德，谋反者决定开始起事。于是他们发出信号，要在 3 月 27 日黎明前夺取贝尔格莱德的关键地点和皇家住宅，俘虏年轻国王彼得二世。在指挥果断的军官领导下，军队封锁了首都郊区的王宫，但对此事毫不知情或者说知之甚多的保罗亲王，正在开往克罗地亚首都萨格勒布的火车上。很少有革命进行得如此顺利，没有任何流血事件发生。某些高级军官被逮捕。茨维特科维奇被警察带到西莫维奇的司令部，他被迫提出辞职。首都的适当地点上则安放了机关枪和大炮。到了萨格勒布后，保罗亲王才获悉，西莫维奇已经以青年国王彼得二世的名义接管了政府，摄政会议也由此解散。萨格勒布的陆军司令官要求亲王立即返回首都。亲王一到贝尔格莱德，就被护送到西莫维奇将军的办公室。随后，他同其他两位摄政王签署了退位书。由此，他被获准在几小时内收拾行李，和他的家属一起连夜前往希腊。

　　这一计划并没有征询公众意见，而是由一部分秘密集合在一起的塞尔维亚民族主义军官制订和执行。这个行动成功后，公众的热情奔涌而出，它的策划者可能还会因此大吃一惊。塞尔维亚人很快就蜂拥在贝尔格莱德的街道上，反复高喊"宁愿打仗也不签约！宁愿死也不当奴隶！"在广场上，人们翩翩起舞；到处都挂满了英法两国的国旗；勇敢却无奈的群众高唱着塞尔维亚国歌，充满了对敌军的蔑视。3 月 28 日，在一片热烈的欢呼声中，曾沿着雨水管爬下逃出摄政监护的年

轻国王，在贝尔格莱德大教堂宣誓就任。德国公使当众被辱，人群往他的汽车上吐唾沫。军队的胜利激起了全国的蓬勃朝气。这个民族一直忍气吞声，其政府和领导人一直无所作为，长久以来一直害怕被陷害。而现在，在暴君和征服者气焰最盛的时候，这个民族进行了英勇无畏的反抗。

＊　　＊　　＊

希特勒被踩到了痛处。他怒不可遏，这种爆发的震怒会使他一时理智全无，有时却会令他发动最可怕的行动。一个月后，他的心情慢慢平静下来，他同舒伦堡谈道："南斯拉夫的武装政变就像晴天霹雳。27日早晨，消息传来时，我还以为是开玩笑。"但现在，他一怒之下召见了德国最高统帅部将领，戈林、凯特尔和约德尔都来了，里宾特洛甫后来也到了。这次会议的记录保存在纽伦堡档案内。在会上，希特勒描述了剧变后南斯拉夫的局势。他说，对于随后以希腊为目标的军事行动（即"马耳他"行动），南斯拉夫是一个不确定因素，而且在之后针对苏联的"巴巴罗萨"作战计划里，南斯拉夫更是一个隐患。因此，他认为，在进行"巴巴罗萨"行动之前，南斯拉夫就暴露了他们的本性，这是一件好事。

元首打算，放弃等待南斯拉夫新政府效忠的可能，下决心要做好一切准备，以在军事上摧毁南斯拉夫，并使它亡国。他不打算做任何外交上的探询，也不打算发出任何最后通牒。他只是会对南斯拉夫政府提出的保证给予"注意"，但无论如何，在将来，这些保证是不能信赖的。只待策略谋定，军队准备就绪，他便立刻开始进攻。

在进攻南斯拉夫之际，德国要求意大利和匈牙利提供切实的军事支援，保加利亚也要出些力，罗马尼亚的主要任务则是防御苏联。匈牙利和保加利亚的大使已经收到相关的通

知。当天德国将向墨索里尼发电报。

在政治上，特别重要的一点是：对南斯拉夫的打击要冷酷无情，要以闪电般的速度对其进行军事摧毁。这样一来，便可完全镇压土耳其，并有利于以后进攻希腊。当我们发动进攻时，可以设想克罗地亚人将加入我方阵营。我们将保证他们获得相应的政治待遇（以后可以自治）。意大利、匈牙利和保加利亚必将支持对南斯拉夫发动战争，因为我们可以保证这些国家分得领土：意大利分得亚得里亚海沿岸，匈牙利分得巴纳特地区，保加利亚分得马其顿。按照这一计划，我们应加速进行一切准备工作，并投入足以使南斯拉夫在最短时间内崩溃的强大兵力……空军的主要任务，则是尽早使用波状攻击摧毁南斯拉夫空军的地面设施和首都贝尔格莱德。

当天，希特勒签发"第25号指令"：

我打算，强行从阜姆和索菲亚向贝尔格莱德和以南地区插入，入侵南斯拉夫。这一举动的目的是给予南斯拉夫军队致命一击，切断南斯拉夫南部和其他地区的联系，使该地成为德意军队进一步对希腊作战的基地。

我下令实施以下具体措施：

1. 当兵力充足且天气适宜时，我们应立即不舍昼夜进行空袭，摧毁南斯拉夫的一切地面设施和贝尔格莱德。

2. 如有可能，我们要同时（但绝不要提前）执行"马耳他"作战计划，初步小目标是夺取萨洛尼卡港。

这时，他致电墨索里尼：

领袖，随着事态的变化，我不得不用电报这一最快的方法，来向你讲述我对局势的预估以及可能由此而产生的后果。

1. 从一开始，我就把南斯拉夫视作我们和希腊一战中的一个危险因素。纯粹从军事角度来看，只要南斯拉夫的态度不明朗，并且在辽阔的前线上从左翼协助我们排成纵队前进，德国便无论如何都不应插手色雷斯战事。

2. 为此，我曾千方百计并诚心实意要把南斯拉夫拉进我们集团，我们集团因共同的利益维系在一起。不幸的是，这些努力都没有成功，或许是因为拉拢的时间太晚了而没有产生任何明确的结果。今天接到的报告已证实南斯拉夫的外交政策发生突变。

3. 我并不认为这种局势是灾难性的，但的确棘手，因此，我们这一方必须避免犯错，以免最终危及全局。

4. 领袖，我现在诚挚地请求你，在接下来的几天之内，意军千万不要在阿尔巴尼亚采取任何进一步的军事行动。

同我们一样，希特勒也清楚地看到，南斯拉夫拥有给意军致命一击的良机。

我认为，你应带上所有可用的军队，控制和掩护从南斯拉夫通往阿尔巴尼亚的最重要的山口。这些措施并不宜长期执行，而只是至少在两三星期内防止危机的辅助措施。

领袖，我同样也认为，你应利用各种可行的方法，以最快的速度提升你在意南前线上军队的实力。

……领袖，如果在采取这些措施之后，仍然毫无动静，那我确信，我们两人都将看到一次不亚于挪威之役的大胜。我现在坚信这一点。

那天，各位将军花了整个晚上草拟作战命令。这一点在凯特尔的证词中得到了证实，我们认为：德国的最大危险是"敌军从后方对意大利军队发起进攻"。约德尔也证实道："我在总理官邸工作了一整晚，这表明事件发生得多么突然。28 日凌晨四点，我把一份备忘录交到林特伦将军手上，他是我们同意大利总参谋部之间的联络官。"凯特尔的记录如下："从做出进攻南斯拉夫的决定起，就意味到那时为止的一切军事调遣和安排被完全打乱。必须重新调整'马耳他'作战计划。必须从北方借道匈牙利调来新的部队。一切都需要临时安排。"

*　　*　　*

慕尼黑会议以来，在德国以牺牲捷克斯洛伐克和罗马尼亚为代价而取得外交胜利后，匈牙利就跟着扩张它的边疆，同时在国际范围内保持中立，它的外交政策是：极力避免加入轴心国集团，避免对轴心国承担明确的义务。而在维也纳会议上，匈牙利依附了三国同盟条约，但就像罗马尼亚一样，它没有承担任何具体的义务。无论是希特勒还是墨索里尼，都不愿巴尔干国家之间发生任何争端。他们希望同时控制所有这些国家。为此，他们逼迫匈牙利和罗马尼亚接受了一个关于解决特兰西瓦尼亚的方案。希特勒并不赞成墨索里尼进攻希腊，因为这有可能使英国干涉东南欧事务。于是希特勒向南斯拉夫施压，要它效法匈牙利和罗马尼亚，加入轴心国集团。当南斯拉夫首相和外交大臣为此应召前往维也纳时，似乎所有问题都得到了解决。但 3 月 27 日发生于贝尔格莱德的戏剧性事件，使巴尔干各国团结起来依附于轴心国的希望化为泡影。

而匈牙利立即就受到了直接影响。虽然为了进攻顽强不驯的南斯拉夫人，德国主力部队显然要取道罗马尼亚，但所有的交通线都要穿过匈牙利的领土。德国政府对贝尔格莱德事件的第一反应，几乎就是用飞机把匈牙利驻柏林公使送往布达佩斯，将其随身携带的紧急公文交给匈牙利摄政霍尔蒂海军上将：

南斯拉夫必将亡国，因为它最近已公然放弃同轴心国家和解的政策。德国的大部分武装部队必须经过匈牙利。但主

要攻势不会在匈牙利边境进行。届时，匈牙利军队应当介入其中，同时，为了感谢匈牙利的合作，它可以收回它过去所有被迫割让给南斯拉夫的领土。事态紧急，希望你及时做出正面答复。

就在 1940 年 12 月，匈牙利与南斯拉夫缔结友好条约，因此它备受束缚。但倘若公然拒绝德国的要求，德军便会立即发动军事行动占领匈牙利。根据特里亚农条约①，匈牙利曾将南部边境的领土割与南斯拉夫，如今收复失地对其来说也是一种诱惑。匈牙利总理泰来基伯爵坚持认为，匈牙利应保持相当程度的行动自由，他绝不相信德国会在战争中获胜。在签订三国同盟条约时，他不太相信轴心国盟国之一的意大利能够保持独立自主。希特勒发出最后通牒，要求他必须撕毁他亲手签订的匈南协定。不料，匈牙利总参谋部从他手中夺去了主动权。总参谋长韦特将军有德国血统，他背着匈牙利政府，擅自同德国最高统帅部做出了安排。在此基础上，也制订出了军队过境的详细办法。

泰来基立即指责韦特的行为形同叛国。1941 年 4 月 2 日晚，他收到匈牙利驻伦敦公使的一封电报，称英国外交部已正式向他发出声明，如果匈牙利参加任何德国针对南斯拉夫的行动，那大不列颠必定会向它宣战。因此，匈牙利必须做出抉择：要么公然反抗德军过境，要么公然反对同盟国并出卖南斯拉夫。面对这种左右为难的情况，为了挽回他个人的荣誉，泰来基伯爵只有一个选择。九点刚过，他离开了匈牙利外交部，回到位于桑多尔宫的官邸。在那儿，他接了一个电话。据说电话中传来的消息是，德军已经越过匈牙利边境。不久，他就举枪自杀了。他的自杀救赎了他和他的人民，救赎了他们在德国进攻南斯拉夫时所犯下的罪行，洗清了他在历史上的罪名，却不能制止德军前进，也无法挽救由此造成的后果。

---

① 即 1920 年协约国集团和匈牙利签订的一项划定匈牙利边界的条约。——译者注

＊　　　＊　　　＊

听闻贝尔格莱德的革命，我们非常高兴。我们曾想方设法要在巴尔干成立一个同盟国战线，阻止这些国家逐一陷入希特勒的魔掌之中，此事至少说明我们确有成效。在首次作为保守党领袖向党中央委员会发表讲话的半小时前，我最早收到了电报。于是，我在结束时说道：

> 现在，我向你们和全国报告一则重大消息。今早，南斯拉夫民族获得了新生。贝尔格莱德发生了一场革命；根据报告，首相和大臣已被逮捕，他们昨天刚刚签字送走了国家的荣誉与自由。这个勇敢、尚武的民族，在看到他们的国家被软弱无能的统治者出卖给了阴险奸诈的轴心国时，人人义愤填膺，由此这次爱国运动爆发了。

> 因此，我们还是可以抱有希望，南斯拉夫将成立一个足以保卫国家自由与完整的政府。（当然我这么说只是根据我所听到的消息）英帝国将尽可能地支援如此英勇奋战的政府。而且，我也深信，按照南斯拉夫自己的方式，它也能从美国那里获得同样的支持。英帝国同它的盟国将和南斯拉夫民族联合起来，为了共同的目的，我们将继续携手共进，齐心协力，直到获得最后的胜利。

＊　　　＊　　　＊

艾登先生在归国途中已经去过了马耳他岛，但接到贝尔格莱德革命的消息后，我认为他应该改变计划，同迪尔和韦维尔将军等留在当地。

首相致艾登先生：

> 考虑到发生在塞尔维亚的武装政变，你们两人自然最好

是留在开罗，就战局变幻进行讨论。可以肯定的是，现在的确是把土耳其拉入同盟，并在巴尔干成立联合战线的好时候。你能否在塞浦路斯岛或雅典召集所有相关人员召开会议？在了解形势后，你是否应前往贝尔格莱德？同时，我们也在继续做出努力。

1941 年 3 月 27 日

我致电土耳其总统：

总统阁下：

在贝尔格莱德及南斯拉夫全国范围内发生的戏剧性事件，可能会是阻止德国侵入巴尔干半岛的大好机会。的确，现在是时候成立一个联合战线，让德国不敢对它发动攻击。我已向罗斯福总统发出电报，请求他扩大提供物资供应的范围，援助东欧所有抵抗德国的国家。我请了艾登先生和迪尔将军一起来协商全部可能的措施，以解决共同的安全问题。

1941 年 3 月 27 日

这天，我一直在草拟发给艾登的电报，他现在已到达雅典。电报内容如下：

1. 我们要慎重考虑，我们想要在巴尔干和土耳其手中得到什么，然后再顺应事态的发展朝这个目标努力。

2. 在这个战场上，南斯拉夫、希腊、土耳其和我军加在一块，我们一共可调动七十个师。德国集结的军队还不到三十个师。因此，拥有七十个师的一方可以对三十个师的那方说，"如果你们进攻我们其中任何一个，那就是要和我们全体作战。"这样一来，德军要么在众寡悬殊的情况下，从交通不便的山区发动进攻；要么就从本国调来大批援军。但即便如此，也不能解决他们的困难。这是因为，首先派增援部队来战场，就得花上好几个月；其次，就该战场而言，如果没有花大量时间修缮通向战场的交通线，就无法运输大批军队。因此，由巴尔干三国联合照会，便可能维持和平，或持续阻挡住德军前进。也许好几个月内，德军都不能向前推进，他们便会因此错过合适的进攻季节。而在此期间，英国的援军和英美的物资将大大增强盟军的实力。所以，只要三个同盟国能够联合起来，德国就不可能向南入侵。这正是土耳其所需的。

3. 这是土耳其避免开战的最好机会。不然，请设想一下另外一种情景：如果这三个国家依然各自为战，德国人可能会决定，不如先把希腊和南斯拉夫放在一边，迅速在色雷斯集中全部力量进攻土耳其。从各方面的电报来看，这是完全有可能的。这样，按兵不动的土耳其便会面临最大的危险：德军全部兵力兵临城下。驻扎在色雷斯的土耳其大军，肯定会在混战中被驱赶回察塔尔查防线和博斯普鲁斯海峡，而南斯拉夫或希腊并没有任何义务或机会来反击或延长战线，以解决土耳其的压力。

4. 在这种情况下，任何大权在握之人将要发布的命令应当是：（1）如上所述，在外交上宣布联合团结，反对干涉；（2）把大部分土耳其军队撤至察塔尔查和亚洲海岸，仅在色雷斯留下实力强大的掩护部队和后卫部队。在如此坚定不移、团结一致的政策下，再加上妥当的战略性撤退，便可阻止德国在色雷斯获得决定性胜利，土耳其无须采取任何攻势，而且如果德国军队坚决不撤退，那他们必定会在一条漫长的战线上陷入僵局，这条战线始于察塔尔查防线，经过鲁勃尔—纳斯脱战区，一直延伸至塞尔维亚北部前线。但即便如此，在短时间内也很难出现这种局面。但对于尤其重视速战速决的敌人来说，这种形势危险万分，十分不利！如果能够出现这种局面，这的确符合土耳其真正的利益，所以不管他们有多么冷淡，我们要努力让他们看到这点。土耳其独自在色雷斯集结大军，这是极为危险的。

5. 英国的利益要如何与上述各点趋于一致呢？如果德国不顾各方反对，对巴尔干发起进攻，我们就必须尽量发挥现有兵力。反之，如果德国假意宣称绝不愿把巴尔干拖入战争，而且把希腊、南斯拉夫和土耳其放在一边，那我们或许就可以把我军转移到地中海中部地区，包括的黎波里、西西里岛和意大利靴形半岛，在夏秋季节发起猛攻。我们应当右手持盾，去捍卫我们在中东的利益；左手持予，在地中海中部地区进行中等规模的猛攻。

6. 如果巴尔干半岛成立统一战线，德国有可能觉得，对苏联下手会更好；我们已经接到了许多相关报告，称德国在波兰集合重兵并且在瑞典与芬兰进行着种种阴谋活动，德国难道不会对苏联发动进攻吗？

7. 请你考虑这些意见是否有用。

　　　　　　　　　　　　　　　　　1941 年 3 月 28 日

我也曾向澳大利亚联邦代理总理法丁先生发去电报。

一个月之前，我们曾决定派军前往希腊，这看上去好像是由一个地位高而责任重之人做出的一项盲目的军事冒险行动。但星期四发生在贝尔格莱德的事件表明，针对整个巴尔干局势，我们采取的这项和其他措施，已经产生了深远的影响。德国的计划已经打乱，而我们又有了重新与土耳其建立巴尔干战线的希望，其中包括来自四个相关国家的同盟军，共计约七十个师。当然，一切还未最终落定。但即便是现在，"光辉"（进军希腊的远征）的真正意义也已经显现，这不是一个孤立的军事行动，而是一项大计划的主要作战。不论结局如何，自我们做出这一决定起，以后发生的每件事都已证明我们的行动是完全正确的。推迟行动同样有利于我军在希腊前线充分集中，避免小股部队作战。结局还不可知晓，但战利品已经有所增加，危险也有所减少。我一直同孟席斯保持着密切联系。我希望能和您讨论这个问题。

1941 年 3 月 30 日

*   *   *

我们现在已经做出了决定，艾登留在雅典联系土耳其人，迪尔将军前往贝尔格莱德。任何人都可以看出，如果所有相关国家不能成立统一战线，南斯拉夫的处境将会岌岌可危。但南斯拉夫仍然面临之前所提的大好机会：毫无组织的意大利军队后方空虚，南斯拉夫可在阿尔巴尼亚给予他们致命一击。如果南斯拉夫及时行动，便可能获得一次军事胜利。虽然敌军入侵了他们国家的北部地区，但他们却能夺取大批军火与装备，获得在山区进行游击战的力量，这是他们现在唯一的希望。这将是了不起的一击，将影响巴尔干全局。在伦敦和我志同道合的人都看清了这一点。上面的插图显示了我们认为实际可行的军事行动。

这时，迪尔将军已经到达贝尔格莱德，我向他发出了电报，内容如下：

从种种具体情况可知，德国正在迅速地重新部署军队以进攻南斯拉夫。要想争取时间对付德国，就意味着我们没有时间对付意大利。什么都不能阻止南斯拉夫尽早集结充足的兵力来进攻意大利。只有这样，他们才能获得大量装备，并及时取得首胜，此战意义深远。

1941 年 4 月 1 日

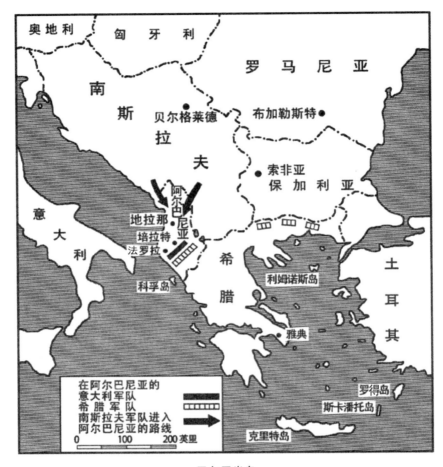

巴尔干半岛

多年铸成的大错无法在朝夕之间得到纠正。当大家激动的心情平复后，贝尔格莱德的每一个人都意识到，灾难与死亡近在咫尺，谁也无法力挽狂澜。最高统帅部曾认为必须派驻卫戍军前往斯洛文尼亚和克罗地亚，以维持一种虚假的内部团结。而到了现在，他们终于能够动员他们的军队了。但由于没有任何战略计划。迪尔在贝尔格莱德只看到了混乱与瘫痪。"尽管我尽了最大努力，"他在 4 月 1 日向艾登先生报告说，"我还是不能说服首相让你最近来访问。"他直言主要顾虑是，这将对内部局势造成影响。南斯拉夫决定不采取任何行动，以免被视为向德国挑衅。这时，德国所有的可用兵力正以雷霆万钧之势猛扑而来。

4月4日，迪尔将军发来贝尔格莱德之行的详细报告，其中可以看到南斯拉夫的各位大臣面对即将临头的大难却无动于衷。从他们的情绪和外表来看，人们一定会认为，他们还有好几个月的时间才能做出要和平还是要战争的决定。实际上，距离德军的大举进攻，他们只剩七十二小时了。迪尔写道：

贝尔格莱德访问之行，最终结果的许多方面都不尽如人意，我很难让西莫维奇将军签订任何协定。但即便如此，我却十分敬佩各位南斯拉夫领袖的反抗精神：一旦南斯拉夫受到攻击或德国进攻萨洛尼卡，他们便会英勇奋战。今日举行的参谋人员会谈将会产生许多建设性的意见。而且我希望，在发生种种意外时，此次会议也同样会帮助双方在采取恰当的计划方面达成一致。这些计划对双方都没有约束力，但届时如果南斯拉夫准备付诸实施，还是有很大的希望。

事实上，西莫维奇虽然是一位颇具才能的领导，却绝不是一位独裁者。他肩负团结内阁的艰巨任务，不敢建议他们同我们订立任何形式的协定。而且，如果不告知内阁并获得允许，他也不敢实行这类协定。但是，他和那位勇猛有余而智谋不足的陆军大臣伊利茨似乎都有作战的决心……

南斯拉夫军还没有做好作战准备，为了动员和集结军队，西莫维奇想要争取一段时间。出于内部政治原因，他不能先挑起战端，必须等德军率先动手。他期望德军从保加利亚进攻南斯拉夫南部，暂时把希腊放在一边……南斯拉夫人将在阿尔巴尼亚给予援助，但即使在那里，在德国攻击他们或侵犯他们的重要利益之前，南斯拉夫军也不能率先发起进攻。

与此同时，我呼吁：

首相致西莫维奇将军：

　　根据各方面传来的消息，德国正迅速地集结大批陆军和空军向贵国推进。根据驻法国的情报人员的报告，德国正在调动大批空军。而根据我们在非洲陆军情报处的情报，德军的轰炸机已经从的黎波里撤退。我不理解你们正在争取时间的说法。想要获得胜利与安全的最好办法，就是率先在阿尔巴尼亚取得决定性胜利，并大量收集敌军手上的装备。根据贵国总参谋部报告，四个德国山地师正从蒂罗尔区坐火车进入阿尔巴尼亚，不同于士气消沉的意军后卫，这次你们将遇到的抵抗将十分顽强。第一次向阁下致电，我非常荣幸，我衷心地为贵国政府取得的成就以及在你领导下这个英勇国度的安全与独立而感到高兴。

1941 年 4 月 4 日

　　与南斯拉夫共产党领导的活动迥异，贝尔格莱德的民族运动完全是自发的，他们是小范围的非法集会，得到苏联支持的组织。在等了一个星期之后，斯大林做出了一个决定。他的官员正同南斯拉夫派驻莫斯科的公使加弗里罗维奇先生，以及革命后从贝尔格莱德派去的一个使团进行谈判。谈判没有取得什么进展。在 4 月 5 日到 6 日夜间，这些南斯拉夫人突然被召至克里姆林宫，接待他们的是斯大林本人。斯大林交给他们一份需要签字的条约，迅速完成了签字手续。苏联同意尊重"南斯拉夫的独立、主权和领土完整"，如果它受到攻击，苏联将采取"基于友好关系的"和善态度。无论怎么看，这都没什么敌意。加弗里罗维奇独自留下，彻夜同斯大林讨论军需品的供应问题，一直谈到了第二天早上。当他们谈话结束时，德军已经发起进攻了。

＊　　＊　　＊

4月6日清晨，德国的轰炸机出现在贝尔格莱德的上空。那些轰炸机从罗马尼亚被占领的飞机场轮番起飞，按照计划连续三天空袭南斯拉夫首都。它们低空飞过，擦过屋顶，不顾抵抗，残酷无情地炸毁了这个城市。这就是人们所说的"惩罚"计划。到了4月8日，等一切恢复平静时，贝尔格莱德的一万七千多市民已横尸街头或埋于瓦砾堆中。经过一场硝烟弥漫、火光烛天的噩梦之后，很多动物惊慌地从动物园被炸毁的笼子里跑出来。烟火正浓，一只受伤的鹳鸟一瘸一拐地走过那间最大的旅馆。一只茫然又不知所措的熊，缓慢而笨重地踱过这个地狱般的城市，走向多瑙河。在这里，还有很多熊，像它一样不知发生了何事。

"惩罚"作战计划到此告一段落。

第四章

FOUR

日 本 公 使

　　远东传来令人不安的消息——日本大使馆中的纷扰——日本大使来访——德国担心日本陷入同美国的纠纷——东京的三项决定——松冈洋右的使命——生死存亡系于一发——斯大林的殷勤——近卫文麿公爵愿同美国达成谅解——日本内阁决定采取折中办法——日本希望找到解决办法——三个精于算计的帝国最终失算

*　　*　　*

　　新年之初，远东就传来了令人担忧的消息。日本海军正不断加大在印度支那南部沿海一带的活动力度。据报告，西贡港①和暹罗湾②已有日本军舰出没。1月31日，日本政府通过谈判，使维希法国与暹罗之间协定休战。一时之间谣言四起：日本帮忙解决了此次东南亚的边界纠纷，便预示着其将参战。与此同时，德国不断向日本施压，让其在新加坡袭击英国。"我试过，"里宾特洛甫在纽伦堡审判中说，"诱导日本袭击新加坡，是因为与英国和平共处的可能性不大，而且我不知道我们应该采取何种军事措施才能达到这一目的。总之，元首指示我，要想尽一切办法通过外交途径削弱英国的地位，从而达成媾和。我们认为，达成此目的的最佳策略是让日本袭击英国在东亚的据点。"

---

　　①　位于越南胡志明市境内、西贡河上，是越南南部最重要的货物集散中心。——译者注

　　②　泰国湾的旧称，位于中南半岛和马来半岛之间。——译者注

*　　*　　*

此时，我方驻远东的总司令拍来数封电报，催促支援香港，对此我并不赞同。

首相致伊斯梅将军：

　　这种做法完全错了。如果日本和我们开战，我们要保住或解救香港的机会是微乎其微的。若加大我们在香港所蒙受的损失，则有失明智。因此，我们不但不应增加守军，还应减少兵力，只部署象征性的守卫。那儿引发的任何问题定会在战后的和平会议上得以解决。我们必须避免在难以防守的据点浪费资源。日本若要对大英帝国宣战，将会思虑良久，不管我方在香港是有两支还是六支军队，都不会影响其决议。我真希望我方的驻港军队少点，但撤走任何一个都会引人注目，危险至极。

1941 年 1 月 7 日

之后会发现，我自己放弃了这一观点，派了两个加拿大营前去增援。

*　　*　　*

2 月的第二周，我察觉到伦敦的日本大使馆和日侨区异常骚动。他们显然兴奋至极，无所顾忌地进行交谈。这些日子以来，我们一直眼观六路，耳听八方。我也收到了各种报告，并从这些报告中得以肯定：他们已经接到本国政府的消息，要求他们立刻动身出发，不得延误。这些素来缄默的人如此骚动，令我意识到日本不日将突袭我们，故我认为有必要把这个令人担忧的消息告知罗斯福总统。

前海军人员致罗斯福总统：

从诸多蛛丝马迹中可以看出，日本意欲在接下来的几周或几个月内向我们发动战争，或制造某些事件迫使我们对其发动战争。我非常确信，这是一场"神经战"①，日本意图借此掩盖其侵略暹罗和印度支那的罪行。然而，我认为你应该明白，如果日本海军袭击我们，我方海军将陷入无力抵抗的境地。我个人认为，日本不可能会派出一支强大的远征军围攻新加坡，但毋庸置疑的是，日本会占领荷属东印度群岛的所有战略据点、油田以及其所觊觎的地方，以便日后大举进攻新加坡。同时，日本也会袭击澳大利亚和新西兰的港口与海岸，从而引发两地恐慌，因为他们已将自己所有训练有素的战士都派去了中东。然而，我最担心的是敌军可能会派出袭击舰艇以及战列巡洋舰，对我方在太平洋和印度洋上的贸易航线和交通线发动袭击。我们可以暂且不管其他方面的灾难，先向这些海域派遣几艘强大的军舰，但如果这么做，所有贸易则只能由运输船队来展开，护航队数量会减少，来往频率也会降低。那么我们整个战时经济会受到极大限制和扰乱，除此之外，我们原本计划从澳大利亚和印度抽调兵力以增援中东，这样一来，也只能付之一炬。当然，只要敌军打算大举进攻澳大利亚或新西兰，对两地构成了威胁，我们就会撤出在地中海中部的舰队，但这又可能致使该地区遭受军事灾祸，而且土耳其也定会依此做出一些调整，以便重新展开对德贸易和黑海的石油供应。所以，总统先生，您可以看出，一旦日本向东海派出战列巡洋舰和十二艘八英寸口径大炮的巡洋舰，我方的战斗准备工作将受到极大影响。而且，如果日本对南太平洋那两大澳属国家进行侵略威胁，我方情

---

① 一种侧重于恐吓的心理战术，敌对双方都在利用各种手段制造恐怖气氛，打击敌方士气，以达到令敌方一触即溃甚至未触即溃的目的。——译者注

况将会雪上加霜。

有人认为，依照日本当前的士气，它将毫不犹豫地对英国和美国发起挑衅或试图发动战争。我个人认为此事可能性不大，但谁也说不准。因此，请贵国竭尽全力让日本不敢与两国同时交战，或许这样方能消除危险。但是，假若日本向我们发难，我们却孤立无援，那造成的严峻后果将难以尽述。

1941 年 2 月 15 日

日本人在伦敦兴起的骚乱，来也匆匆，去也匆匆。很快，他们又恢复了昔日的沉默和东方式的拘谨。

前海军人员致罗斯福总统：

有关日本方面，我已收到更加乐观的消息。显然，松冈洋右①不久将出访柏林、罗马和莫斯科。此举很可能是一种外交伎俩，用以掩饰其暂时不对英国采取行动的意图。如果日本推迟原本一触即发的进攻，那多半是出于对贵国的畏惧。日方越畏惧，我方越有利，但我也十分清楚租借法案未通过前，你也举步维艰，而这份法案是我们的希望所在。在上次"私人密电"中，我曾针对日本进攻英国对我方海军所造成的影响作了一份评估，该评估在任何情况下都有效。

1941 年 2 月 20 日

*　　*　　*

2 月 24 日，日本大使重光葵②先生来拜访我。当时的会谈记录留了下来。

---

①　松冈洋右（1880—1946），日本外交官，日本退出国际联盟、日德意三国同盟的缔结、日苏中立条约的缔结等都有他的身影。——译者注

②　重光葵（1887—1957），日本外交官，曾任日本驻英国大使。——译者注

我详细描述了两国间长期的友好关系，回顾了自 1902 年英日结盟以来我对日本的个人情感，并且表达了不想两国关系破裂的强烈愿望。日本无法期望我们会赞同其在中国所进行的活动，但我们始终坚持着正确的中立态度。较之先前我们帮助日本对战沙俄时所表现出的中立态度，这一次的确大不相同。我们从未打算进攻日本，只是一心希望它能和平繁荣。我还说到，日本已经有中国在手，如果此时还同英美两国作战，那将多么可惜。

　　日本大使说，日本没有进攻英国或美国的打算，也不想与其中任何一方交战。他们不会进攻新加坡或澳大利亚，并且他反复强调不会试图染指或侵略荷属东印度群岛。他说，日本唯一不满的是我们对中国的态度，因为我们鼓励中国，给他们带来麻烦……我觉得有必要提醒他，日本曾经和轴心国签署《三国同盟条约》，此事当然一直让我们如鲠在喉。一个对德国如此有利而对日本基本无益的条约，没人会相信中间没有一些秘密条款。无论如何，日本已经引起我们的怀疑，且看一旦发生不测，它将据此作何动作。大使还说，他们当时曾做出了解释，他们的目的是减少冲突等等。我告诉他，日本签订《三国同盟条约》是个极大的错误。正因如此，美日关系受损，而英美关系则更加密切。

　　随后，我再次友好地申明了我方的保证。他一直都保持着非常友好和诚恳的态度，我们当然知道在这些问题上他代表的是日方的立场。

重光葵势必已将会面内容向东京做了汇报，3 月 4 日，我在备忘录中记下了他的第二次访问。

　　今天，日本大使来访，恳切地表达了日本不会卷入战争以及不会和英国决裂的强烈愿望。他表示，《三国同盟条约》

是一份和平协议，仅是出于日本想减少冲突的愿望。我明确问他：这份协议是否赋予日本解释所有特定情况的绝对权利？且还向他强调了一点，协议中没有任何条款规定日本有参战义务。他对此毫无异议，实际上等于默认了。我诚心地接受了他的保证，并委托他向外交部部长转达我的谢意。我认为，除非日本确信我们会战败，否则它不太可能会进攻我们。我很怀疑，如果美国和我们联合，日本是否会加入轴心国作战。当然，倘若日本确实参战，那真是不智之举。如果美国不与我们联合，它选择参战还算是上乘之策。

其中缘由各不相同，德国人也表示了同样的看法。德国和日本都急于夺取和瓜分大英帝国，但他们为达成目的所选择的途径不同。德国最高统帅部表示，日本应该将部队指派到马来亚半岛和荷属东印度群岛，无须顾虑美国驻太平洋基地以及部署在其侧翼的主力舰队。整个2月份和3月份，他们一直催促日本政府应毫不迟疑地进攻马来亚和新加坡，而不必担心美国。由于希特勒在许多问题上再三容忍，这才没有激起美国参战。的确，我们看到希特勒容忍了美国的很多行动，当中任何一项行动都足以引发战争。希特勒和里宾特洛甫最期望的是日本袭击他们称为"英格兰"的国家——这个名字始终萦绕于脑际——并且绝不能和美国有任何瓜葛。他们向日本保证，如果日本大举进攻马来亚和荷属东印度群岛，美国就不敢轻举妄动。这个理由并没能说服日本海军军事将领，又或是他们对此毫无兴趣。在他们看来，除非事先袭击美国的基地，或者和美国达成外交协议，否则并不需要在东南亚采取行动。

此时，在日本错综复杂的政治幕后，三项决策似乎浮出了水面。第一，派遣外交秘书松冈洋右前往欧洲了解德国对欧洲的掌控度，尤其是德国究竟何时会进攻英国？英国目前在海军防御方面是否已自顾不暇？如果是这样，那么当日本进攻英国时，英国是否将无力支援东部领地？松冈洋右虽然在美国受过教育，但却极力反美。他对纳粹行动以及德国军队的威力钦佩不已。他已拜倒在希特勒膝下，甚至有时候他可能觉得自己在日本扮演的就是类似希特勒的角色。第二，日本政府放手让海军和陆军司令部全权策划袭击美国珍珠港基地以及菲律宾、荷属东印度群岛和马来亚的行动。第三，派遣"自由主义"政治家野村吉三郎①海军大将前往华盛顿，寻求和美国在太平洋地区达成协议的机会。此举不仅可以作为一种伪装手段，或许还能促成和平，这样，日本内阁中的分歧者又达成了一致意见。

* * *

3月12日，松冈奉命启程。25日，途经莫斯科时，他和斯大林及莫洛托夫进行了两小时的会谈，并且向德国大使舒伦堡保证，将亲自把会谈内容一字不落地告知里宾特洛甫。

在美国国务院公布的截获文件中，松冈的使命以及整个德军的士气与心态已全部暴露。3月27日，松冈在柏林受到了里宾特洛甫的热烈欢迎，两人沆瀣一气。这位德国外交部部长对本国的实力夸夸其谈。他说：

> 德国对英一战已步入最后阶段。去年冬天，元首已经严阵以待。因此，眼下不管从哪个地方，德国都能与英国正面对抗。元首所掌握的军事力量可能是有史以来最为强大的。德国有两百四十个战斗师，其中一百八十六个是一级突击部队，二十四个是装甲部队。纳粹德国空军也已快速发展壮大，并引入了新式飞机，这样不仅可以与英美两国旗鼓相当，而且可以更胜一筹。
>
> 战争爆发伊始，德国海军只有少量战列舰。但是，正在

---

① 野村吉三郎（1877—1964），日本海军大将，日本昭和时代著名的政治家和外交家。野村吉三郎之所以名噪一时主要因为他是"珍珠港事件"时的日本驻美国大使。

新建的战舰已经竣工，因此最后一艘也很快能投入使用。与第一次世界大战不同的是，这次德国海军没有驻扎在港口，而是从开战第一天就直接与敌作战。松冈可能早就从前几周的报告中获悉，德国大型战列舰已经大获成功，顺利切断了英美两国间的供应线。①

迄今为止，投入使用的潜艇数量还很少。每次作战时，最多只有八到九艘潜艇可以与敌抗衡。即便如此，在1月和2月期间，这些为数不多的潜艇在德国空军的协助下平均每月击沉了七十五万吨敌舰，对此德国随时都可以提供确切的证据。此外，这个数字不包括英国因流动水雷和磁性水雷所遭受的巨大额外损失。到4月初，潜艇数量将增加八至十倍，也就是说，到时候就有六十到八十艘潜艇可以连续用于抗敌。为了给敌人致命一击，德国元首采用了这样的策略：最先只用少数潜艇，剩余潜艇则用来为一支更大舰队培训所需人员。因此可以预计，未来德国潜艇的击沉吨位会大大超过现在。到时，德国仅采用潜艇已绝对致命。

在欧洲大陆，除了留在希腊的少数英军外，德国几乎已所向披靡。只要英国采取行动企图登陆欧洲大陆或巩固自身在大陆的地位，德国就会将其击退。因此，它绝不能容忍英军驻留希腊。希腊问题是次要问题，但希腊作为地中海的主要据点，很有可能需要借助对其进军来争取进一步的行动。

由于意大利军队不熟悉现代坦克战，对反坦克战防御也准备不足，因此近几个月以来，意大利在非洲连连失利。在这种情况下，英国装甲部队要占据这个不太重要的意大利据点就相对比较容易了。但英国前进的步伐已被完全阻挡。德国元首派遣了最为得力的军官隆美尔将军，率领精锐的德国军队前往的黎波里。英国本希望韦维尔将军发动进攻，却不

---

① 指"沙恩霍斯特"号和"格奈森诺"号突入大西洋展开袭击活动。

幸落空。英军在前哨才和德军打了几场小仗，就放弃了继续进攻的打算。假若英军曾试图突袭的黎波里，那他们将会一败涂地。未来，战况也将会有逆转之时，届时英国将从北非消失，溃逃时或许比来时更快。

两个月来，德国空军在地中海地区战绩辉煌，沉重打击了坚守在此的英国舰队。苏伊士运河已被封锁许久，未来也会继续受到封锁。对英国而言，留驻地中海地区已然没有任何意义。

如果我们总结一下欧洲的局势，就会得出这样一个结论：在军事上，轴心国集团已经完全掌控欧洲大陆。德国旗下有一支庞大的备用军队，而且只要元首有需要，这支军队随时随地可以投入使用。

谈完军事局势，里宾特洛甫又开始谈政治局势，他说：

坦白来讲，他可以私下告诉松冈，当前苏德两国的关系算不上友好。在莫洛托夫访问期间，德国曾建议苏联加入《三国同盟条约》。然而之后，苏联提出的条件令人难以接受，其中包括：德国牺牲其在芬兰的利益，准许苏联在达达尼尔海峡设立基地，并在巴尔干半岛，尤其是在保加利亚加强社会主义影响。希特勒没有同意，因为他认为德国无法长期奉行这样的对苏政策。最重要的是，德国在经济上需要巴尔干半岛，不可能让其受苏联的控制。为此，他早已向罗马尼亚做出保证。苏方对最后一项行为感到尤为不悦。德国越发意识到，自己有必要与保加利亚建立更加亲密的关系，这样才更有利于把英军驱逐出希腊。所以，德国不得不这样做，否则这一战役将无法开展。这一点也令苏联颇为不满。

在这些事情上，苏德关系表面上是正常且恰当的。然而，苏联人曾在相当长的一段时间里，只要一有机会，就对德国

表现得不友好。近期，苏联对土耳其所发表的公告就恰好证明了这一点。自从斯塔福德·克里普斯爵士①出任莫斯科大使以来……英苏关系就已在秘密发展，甚至逐渐公开化。德国正密切关注着事态的发展。

里宾特洛甫接着说：

> 他和斯大林有私交，并不认为斯大林会冒险，但也说不准。德国军队已在东部伺机而动。有朝一日，一旦德国认为苏联采取的立场威胁到了其本国，希特勒就会摧垮苏联。德国确信，一旦与苏开战，德国最后一定会大获全胜，并彻底摧毁苏军和苏政府。希特勒相信，一旦对苏采取行动，强大的苏联数月内便不复存在。总之，元首首先所依靠的并不是与苏联的条约，而是自己的国防军。
>
> 此外，实际上，要想与英国进行最后一战，德国必须保卫后方。因此，如果有朝一日德国认为来自苏联的威胁加剧，它将绝不会容忍。德国想尽快征服英国，绝不允许任何事情加以阻挠。

在此情形下，德国外交部部长郑重其事，松冈绝对不能以自己不知内情为借口。随后，里宾特洛甫又重申道：

> 轴心国必然能取胜，无论情况如何，都不可能战败。英国迟早会承认战败，现在只不过是时间问题。当然，他无法预测具体会在什么时候，但应该很快了。这取决于接下来三四个月的战况。但是，英国很可能在今年投降。

---

① 斯塔福德·克里普斯爵士，英国工党政治家。1927 年任英国王室法律顾问。1939年因反对内维尔·张伯伦的绥靖政策而被开除出工党。1940—1942 年任驻苏联大使。第二次世界大战后任财政大臣（1947—1950），致力于战后经济重建，推行经济紧缩政策。

最后，他谈到了美国。

> 毋庸置疑，要不是罗斯福一直给丘吉尔新的希望，英国早就放弃作战了。很难说罗斯福的意图究竟是什么。距离美国真正为英国提供军需援助，还有很长时间；而且即使提供援助，美国运过来的飞机质量也会有问题。一个远离战场的国家不可能制造出最精良的飞机。德国飞行员将目前为止所遇到的敌机都称为"垃圾"。

他说，《三国同盟条约》订立的首要目的是震慑美国，使之不敢参战。"新秩序"首要针对的是英国。它不仅是日本的敌人，也是轴心国的敌人。

随后，里宾特洛甫说道，元首经过深思熟虑，认为如果日本能尽快决定对英作战，这将会非常有利。比如，突袭新加坡，这可成为迅速毁灭英国的一个决定性因素。按照当前的对英作战情况，日本若能对新加坡一击成功，那么罗斯福就会陷入困境。如果他对日宣战，他就只能看着日本从菲律宾问题中受益。做此有损威望之事以前，他可能会思虑良久。另一方面，通过征服新加坡，日本将在东亚地区获得绝对的优势地位。这样，它就真正做到了"快刀斩乱麻"。

*　　*　　*

午宴过后，希特勒接见了松冈，并亲口详述了德国所取得的军事胜利。自开战以来，德国已经灭掉了六十个波兰师、八个荷兰师、二十二个比利时师以及一百三十八个法国师，并将十二或十三个英国师逐出了欧洲大陆。轴心国已经势不可当。然后，希特勒谈到英国舰船吨位的损失。真正的潜艇战才刚刚开始。本月和接下来的几个月，英国将会遭受重创，其损失也将远超现在。尽管英方声称会取得空战胜利，但德国已掌握了绝对优势。接下来的几个月，德国会大力加强空袭。由于德国实施了封锁，英国的粮食配给比德国更为严格。与此同时，战争仍将继续，德国准备对英国发起最后一击。

松冈认真聆听着希特勒的这番高谈阔论，并表示十分感激元首能够如此坦诚相待。他说自己基本同意元首的看法。像其他国家一样，在日本的某些思想领域，只有实力强大的人才能牢牢掌控全局。一旦意识到自己即将丧失一个千年难遇的良机，日本就会果断采取行动，他已经向日本皇家两位亲王解释过，准备工作不可能万无一失，一定会有风险。日本迟早会发起进攻，但政客们总是拖拖拉拉，犹豫不决，部分人或支持英国，或支持美国。因此，松冈个人认为，越早发动进攻越好。可惜他无法控制日本，只能让掌权者支持他的观点。他终有一天会成功，但就目前这种状况，他无法代表日本做出采取行动的保证。回国后，他会密切关注这些问题。他不能做出确切的承诺，但他个人会竭尽全力。这些保留意见至关重要。

随后，他提到了经过莫斯科时和斯大林的会面。起初，他只是想礼节性地拜访莫洛托夫，但是苏联政府提议让他同斯大林和莫洛托夫会面。他和莫洛托夫大约交谈了十分钟，和斯大林谈了二十五分钟，其中包括了必要的翻译时间。他告诉斯大林日本在意识形态领域的斗争非常激烈，但是那些为旧理想复兴而奋斗的人们深信，他们最后一定会获得胜利。盎格鲁—撒克逊人是建立"新秩序"的最大障碍。他告诉斯大林，英国衰败后，日本和苏联的分歧就会消失。盎格鲁—撒克逊人是日本、德国和苏联的共同敌人。沉思片刻后，斯大林表示，苏联从没有和英国交好过，也绝对不会交好。

* * *

柏林会谈从 3 月 28 日一直持续到 29 日，但基本主旨不变：第一，德国力图说服日本进攻英国；第二，他们承认德苏关系尚未稳定；第三，他们坦言希特勒殷切希望不要和美国起冲突。

松冈在两大重要问题上没有获得明确答复：德国是否依然和之前

一样意图登陆英国？如何看待当前的德苏关系？他曾提出这一问题：当他回国经过莫斯科时，在政治问题上，是该浅析还是深入？里宾特洛甫通过翻译员做出回复："最好把它视为一次礼节性访问。"

* * *

当然，我虽不知柏林密谈的实质和性质，但却深知其重要性。此时，日本大使奉松冈之召前往欧洲大陆与之会面。我认为可以托他向松冈传达一些相左的意见。重光先生彬彬有礼地接受了替我带信的任务，所以如果他敌视英美并向我们开战，那他就是个十足的骗子。最后，他没有去欧洲。于是，我把这封信拍成电报发给了驻苏大使，以便在松冈乘西伯利亚铁路返回途中交给他。

丘吉尔先生致松冈洋右先生：

在此，恕我冒昧地提出几个问题，在我看来这些问题需要引起日本及其人民注意。

1. 德国既无制海权，也无法在白天控制英国领空，那么它能否在1941年春天、夏天或秋天入侵或征服大不列颠呢？德国会尝试这么做吗？等这些问题落实后再行动，不正符合日本的利益吗？

2. 在英美两国调整全部工业用于战时生产的情况下，德国是否会对英国舰队发动猛烈攻击，以至美国无法前往英国海岸提供支援？

3. 日本加入《三国同盟条约》，究竟是使美国参战的可能性提高还是降低了？

4. 如果美国加入大不列颠与我们共同作战，日本站在轴心国一边，那么凭借海军优势，这两个英语国家难道不会先行收拾欧洲的轴心国家，而后再联合对付日本吗？

5. 意大利对德国而言到底是主力还是负担？意大利舰队

的威名是否名副其实？是否还和以前一样虚有其表？

6. 在 1941 年底前，英国的空军力量能否超越德国？能否在 1942 年年底前大力赶超？

7. 随着时间的流逝，那些由德国军队和秘密警察所控制的国家会更喜欢德国人吗？还是相反呢？

8. 1941 年间，美国钢铁产量会达到七千五百万吨，大不列颠则可达到一千两百五十万吨，加起来接近九千万吨，这个消息是否属实？如果德国像上次一样被击败，那么仅凭七百万吨的钢铁产量，日本能否单独作战？

这些问题的答案可以帮助日本避免大溃败，改善与西方两大海军强国的关系。

1941 年 4 月 2 日

在写这封信时，我十分愉悦，并不介意自己写得是否得体。

*　　　*　　　*

在此期间，松冈还前往罗马会见了墨索里尼和教皇。返回柏林后，4 月 4 日，他与希特勒会面，当时的谈话记录被德国保存了下来，如今已被我们所掌握。他说，墨索里尼曾和他谈起希腊、南斯拉夫和北非的战役，以及意大利在这些战役中的作用，最后还提到了苏联和美国。墨索里尼说，每个人必须对自己的敌人了如指掌。美国是首要目标，其次才是苏联。这番见解让松冈意识到：必须提防的首要目标是美国，但不要去挑衅。另一方面，每个人都必须做好充分准备，以防不测。松冈对此深表赞同。

*　　　*　　　*

在取道跨西伯利亚铁路归国之前，松冈在苏联逗留了一周。他和斯大林及莫洛托夫进行了几次长谈。我们从德国大使舒伦堡处获得了这些谈话的仅有记述。当然，他所了解的只是苏联和日本想让他知道的事情。有关德国威力的所有宣扬，或真实或吹嘘，都没能说服这位日本大使。对于向美国宣战一事，德国领导人的谨慎态度让松冈心生不悦。与此同时，从里宾特洛甫的言语中，他察觉到德苏关系越来越险恶，鸿沟也越来越大。他向这位新东道主就这些问题透露了多少，我们不得而知。但可以肯定的是，松冈正处在极其有利的位置来观察形势。而且，从克里普斯爵士那里接到我用电报发出的那封有很多问题的信之后，他发现自己和莫洛托夫的关系比里宾特洛甫更亲近。值此生死存亡之际，德国要求日本走一步险棋：向英国开战，甚至是向英语国家宣战；而苏联则仅要求它静候时机。虽然松冈并不确信德苏之间发生了什么，但是显然他并不相信英国已经完蛋。因此，他无意也无权让日本立刻采取行动。他更偏向于订立一份中立协议，至少留有时间来使突发事件逐渐展开，因为再过不久，这些事件必然会发生。

松冈便于 4 月 13 日在莫斯科向舒伦堡告别时，以不得体的严谨口吻明确提到：《日苏中立条约》已在最后一刻敲定，"很可能就在今天下午两点签字"。在存有争议的萨哈林岛①问题上，双方都做出了让步。他向德国大使保证，这个新协议绝不会影响《三国同盟条约》。他又补充说，英美记者曾报道他此次莫斯科之行以彻底失败告终，但现在他们不得不承认日本政策大获全胜，而且势必会影响到英美两国。

根据舒伦堡的记录，松冈离苏返日当天，斯大林在火车站安排鸣放礼炮，并举行告别仪式，以示团结友爱，火车因此延迟了一个小时，而这显然不在日本和德国的预料之中。斯大林与莫洛托夫共同出席了告别仪式，向松冈和其他日本人表达了友好问候，并预祝他们旅途愉快。随后斯大林公开寻找德国大使。"他一看到我，"舒伦堡说，"就走上前来搂住我的肩膀对我说：我们一定要继续保持友好关系。现在，

---

① 即库页岛，位于欧亚大陆的东北部，历史上曾为中国领土，现为俄罗斯联邦最大岛屿。——译者注

你们必须全力以赴。"随后，斯大林转向德国陆军指挥官，确认是本人后开口说道："不管怎样，我们都会是你们的朋友。"舒伦堡补充道，"毋庸置疑，斯大林是故意同我和克雷布斯上校打招呼的，以此吸引在场许多人的注意。"

这样的拥抱完全是惺惺作态。从收到的报告中，斯大林肯定已经得知，德国在整个苏联边境部署了大规模兵力；此时英国情报局一定也知晓此事。十周之后，希特勒就向苏联发起猛烈进攻。要不是受到希腊和南斯拉夫战场的拖延，五周前就已进攻了。

4月底，松冈结束欧洲之行，返回东京。首相近卫文麿公爵前往机场迎接，并告诉他，就在当天，日本一度考虑和美国就太平洋地区达成谅解。这与松冈的主张相悖。纵然心存疑虑，但总体上他依然相信德国会最终取得胜利。他认为日本有《三国同盟条约》以及与苏联所缔结的中立条约的支持，没有必要向美国妥协。在他看来，美国绝不会在大西洋与德交战的同时又在太平洋和日本作战。因此，松冈发现政界人士和他的观点截然不同。尽管他极力反对，日本政府仍决意瞒着德国，继续在华盛顿进行谈判。5月4日，松冈亲自将美国送交日本的文本告知德国大使，文中记录表明，由美国着手调停中日关系，进而全面解决太平洋问题。这项提议的主要障碍在于美国要求日本先从中国撤兵。

*　　　*　　　*

松冈在莫斯科时就已收到我的信。回国途中，他在西伯利亚火车上写了一封复函，内容空洞，在其抵达东京后方才寄出。

松冈先生致温斯顿·丘吉尔先生阁下：

我刚从旅途归来便即刻告知您，我已于12日晚上在莫斯科收到了克里普斯爵士交给我的一份文件。他说，寄给我的是一封信的副本，原件日期为1941年4月2日，现已由伦敦寄往东京。

我方大使准备前往欧洲大陆与我会晤时，贵国政府曾竭力施予方便，对此我深表感谢。当得知他不能成行时，我深感遗憾。请阁下放心，日本在制定外交政策前，一定会公正审查所有事实，并谨慎权衡所面临的局势。

谨启　松冈洋右

1941 年 4 月 22 日

*　　　*　　　*

不久，松冈及其日本政府中的同僚就面临了需要进行"公正审查"的局面。6 月 28 日，在希特勒入侵苏联一周后，日本内阁和皇室成员举行了一次会议。松冈发现自己的地位已遭到严重削弱，毫无回旋余地。由于他事先未曾得知希特勒意欲进攻苏联，导致他"颜面尽失"。他主张加入德国，但大多数人都与他意见相左。日本政府决定采取折中政策，扩充军备，并援引《三国同盟条约》中的第五款，该款规定本条约对苏无效；并秘密通知德国，援引《日苏中立条约》作为不参与德苏战争的理由。另一方面，日本决定继续向南海前进，侵占印度支那南部。松冈不赞同这些决定。为了游说人们赞同与德国共同作战，松冈将自己的一篇演说稿印成小册子进行分发，但日本政府查禁了他的册子。7 月 16 日，松冈辞职。

尽管日本政府不打算奉行德国政策，但并不代表温和派自身的政策已在日本大众中占据上风。日本正不断加强军备，并将在印度支那南部设立基地。此举将拉开进攻英国和荷兰在东南亚殖民地的序幕。从目前掌握的证据来看，日本决策者认为，美国或英国并不会采取有力措施来抵制此次南进行动。

因此，随着这场世界性戏剧继续上演，我们可以看到，这三大老谋深算的帝国此刻是如何犯下灾难性错误的，既不利于他们的图谋，又危及自身的安全。希特勒决意要对苏联作战，此举是造成他毁灭的

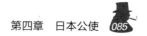

决定性因素。斯大林始终忽视或低估了即将到来的攻击，致使苏联备尝苦果。日本当然错失了实现其美梦的良机——暂且认为它曾有过这种机会。

第五章

FIVE

沙漠侧翼—隆美尔—
托布鲁克

　　沙漠侧翼事关重大——韦维尔的部署——隆美尔抵达的黎波里——隆美尔决意进攻——一位卓越的将领——阿盖拉事关全局——我方实力不足——我致电罗斯福总统——韦维尔的解释

　　为了确保能守住北非侧翼，我方竭尽全力在巴尔干设立战线。或许本应将该侧翼安排在托布鲁克，但由于韦维尔迅速向西进军，并攻占了班加西，我方已全面占领昔兰尼加。要想进入该区域，须通过阿盖拉的海角处。因此，伦敦和开罗当局一致认为，当前首要的军事任务是不惜一切代价守住阿盖拉。意大利军队在昔兰尼加全军覆没，且调集的援军必须经历长途跋涉才能到达。基于这两点，韦维尔相信，今后一段时间内，只需少量军队来据守这个至关重要的西翼，派出训练欠佳的军队去接替他那支疲惫不堪的部队即可。沙漠侧翼是左右全局的关键所在，切不能为了希腊或巴尔干的任何问题而使其遭受损失或威胁。

　　2月底，英国第七装甲师撤退至埃及进行休息和整改。这支大名鼎鼎的部队曾立下赫赫战功。其坦克曾跋涉千里，但如今大部分已无法使用。由于战斗和伤亡，其战士数量锐减，但核心力量仍在，战士们个个经验丰富、坚韧不拔，非常善于沙漠作战。别处很难找到这样的部队。如果我们无法保存其核心力量，如果我们不派那些训练有素、精力充沛且行动敏捷的战士和军官去增援，不把找到的新型精锐坦克或其配件运送给他们，那将会是一件憾事。因为只有这么做，第七装甲师才能存活下去并恢复实力。

　　几个星期之内，我方做出了若干重大决定，但没过多久我便察觉

到，第七装甲师已无法继续守卫我方至关重要的沙漠侧翼。其防务工作由一支装甲旅和第二装甲师的支援部队接手，而澳大利亚第六师也已被其第九师所替换。然而，这几支新部队均未受过全面训练，更糟糕的是，为确保即将前往希腊的几支部队达到编制规模，还调走了他们的许多装备和运输工具。运输工具的不足令他们难以展开工作，其军事部署和机动性也因此受到影响。由于给养不足，无法继续前进，一个澳大利亚旅已经退至托布鲁克，那里尚有一支摩托化的印度骑兵旅。该旅于近日才编成，目前仍在训练之中。

*　　*　　*

此时，三军参谋长开始关注我方情报员所发的报告。2月27日，他们向韦维尔将军发送了一封警报信："鉴于德国装甲部队和空军已抵达的黎波里，我们已认真考虑过埃及和昔兰尼加的防务问题。请简要将你方意见电告，非常感谢。"深思熟虑之后，将军发来重要复电，具体内容如下：

　　1. 最新消息表明，敌军增援部队已于近日抵达的黎波里，其中包括两个意大利步兵师、两个意大利摩托化炮兵团以及一支德军装甲部队，规模至多相当于一个装甲旅。目前尚未发现其他汽车运输队登陆的痕迹，故敌军的运输工具势必不足。然而，最近的空中侦察表明，从的黎波里通往锡尔特的公路上，机动车辆的数量正大幅增加。

　　2. 的黎波里距阿盖拉四百七十一英里，距班加西六百四十六英里。它们之间只有一条公路通行，并且方圆四百一十英里以外的地方，水资源十分匮乏。此外，敌军还缺乏运输工具，这一切因素都使敌军目前较难构成威胁。大约三个星期之内，敌军很可能会沿着该海岸公路运送多达一个步兵师和一个装甲旅的军队，可能同时会再调一个装甲旅，这些部

队经由洪和马拉达两地，穿过沙漠来袭击我军侧翼。

3. 敌军可能会采用攻击性巡逻以试探我方在阿盖拉的兵力，一旦发现我方实力羸弱，就会继续向阿杰达比亚行进，以此来进一步扩大其前哨登陆地。我并不认为，他们会试图以此兵力来夺回班加西。

4. 最后，敌军可能会派出两个德国师发动大规模进攻，外加上一两个步兵师，这将组成敌军在经由的黎波里地区时所能调用的最大兵力。由于航运危险重重，通讯不甚畅通，且酷暑将至，因而敌军难以在夏末之前发动如此规模的进攻。如能在海上有效干扰敌方运输船队、在空中强力攻击的黎波里，我军或能拖延德军的进攻日期……

如今，对于昔兰尼加而言，意大利空军几乎构不成任何威胁。但另一方面，德军已在地中海中部地区站稳脚跟……德国伞兵有可能会在装甲部队的配合下，在我方交通线上着陆。根据敌军最近可能会发动的进攻规模来看，我认为他们不会派出伞兵，但有可能会在日后更大规模的战役中，利用伞兵配合作战。

1941 年 3 月 2 日

*　　*　　*

就在这时，一位新星登上了世界舞台——一名将在德军军事史上占据一席之地的德国武士埃尔温·隆美尔出场了。隆美尔于 1891 年 11 月出生在德国符腾堡省的海登海姆。他童年时体质孱弱，九岁之前一直在家读书，之后就读于当地的一所公立学校，他父亲是该校校长。1910 年，隆美尔在符腾堡团担任见习军官。他在但泽军校接受训练时，其教官们这样评价他：身材短小精悍，智力普普通通。一战期间，他转战于阿尔贡①地区、罗马尼亚和意大利，并曾两次负伤，荣获了最高级别的铁十字勋章。一战后，隆美尔担任团级军官，在参谋部就职。二战爆发时，他在波兰战役中担任元首大本营司令，随后又担任第十五军第七装甲师师长。该师绰号为"魔鬼之师"，是德军突破马斯河的先锋力量。1940年5月21日，英军在阿拉斯发起反攻，差点将其俘虏。此后，隆美尔又率领该师穿过拉巴西向利尔进军。如果此次突击的成果能再进一步，或者最高指挥部未曾下令限制的话，该师便有可能会切断包括蒙哥马利将军所指挥的第三师在内的大部分英军。隆美尔所率之师曾作为先锋力量，越过索姆河、沿着塞纳河，向鲁昂进军，也曾横扫法国左翼，在圣梵勒利附近俘获大批英法军队。其所率领之师最先抵达英吉利海峡，我方最后一批军队刚刚撤退，该师便进入瑟堡，该港与三万法国俘虏就是在这儿向隆美尔投降的。

由于战功显赫，功勋卓著，隆美尔于1941年初被派往利比亚担任德军司令官。2月12日，他率部下抵达的黎波里，与当地盟国共同作战。早前他曾与该盟国②交过手，并立下功勋。那时，意军一心只希望据守的黎波里；隆美尔负责指挥的德国分遣队日益壮大，但该队却受意军司令统帅。隆美尔要求立即发动攻势。4月初，意大利总司令曾试图劝阻隆美尔，表示没有他的许可，德国的非洲军团不得进军。隆美尔抗议道："作为一名德国将领，必须根据形势需要来下达命令。"他宣称，若因供给问题而在行动时有所保留是"无稽之谈"。他要求获得完全的行动自由权并得到了应允。

在非洲战役中，隆美尔自始至终都证明自己是一位调遣机动部队的能手，尤其擅长在战役过后，迅速调整队伍并继续取得胜利。他是一位出色的军事博弈者，善于处理供给问题，从不惧怕任何阻碍。德国最高统帅部起初只是让他放手一搏，但却对他所取得的成就感到惊愕不已，于是便有意压制他。隆美尔精力充沛，骁勇善战，我们因此

① 俄罗斯车臣共和国的中部城市，临阿尔贡河。——译者注
② 指意大利。——译者注

遭受了严重的灾难。1942 年 1 月我曾在下议院对他赞誉有加，虽然引起了公众的指责，但他的确当之无愧。当时，我这样评价隆美尔：我们遇到了一位骁勇善战的对手，若不谈战争所造成的浩劫，他是一位出色的将才。尽管忠于德国，可隆美尔后来却逐渐厌恶希特勒及其所作所为，并参与了 1944 年的密谋，企图驱逐这位狂徒和暴君，拯救德国。为此，他付出了生命的代价。因此，隆美尔还是值得我们尊敬的。在现代民主下所开展的残酷战争中，侠义行为根本没有立足之地。滥杀无辜及其规模效应吞噬了所有呼唤公正的声音。我对隆美尔所表达的敬意，尽管当时被认为不合时宜，但我毫不后悔，并且无意收回。

＊　　　＊　　　＊

　　3 月 2 日，我们在伦敦收到了韦维尔发来的电报，并以此作为我们的行动基础。阿盖拉关隘乃全局核心。如果敌军成功突破阿杰达比亚，班加西及托布鲁克西部的所有据点便将岌岌可危。他们有两种选择，要么拿下并穿过通往班加西的沿海公路，该公路路况良好；要么利用直通梅基利和托布鲁克的小路，这些小路切断了两百英里长、一百英里宽的沙漠的突出部分。2 月，我们采取了后一条路线，切断并俘获了数千名经由班加西撤退的意军。如果隆美尔也走这条沙漠路线，和我们玩同样的把戏，也不足为奇。然而，只要我们守住阿盖拉关口，敌人便不会有机会以此方式来捉弄我们。那里虽占据地形优势，但布防工作却不充分，部分原因在于从托布鲁克往外的运输任务太过紧迫，而且根据判断，班加西的港口尚无法投入使用。

　　这一仗打得如何，不仅取决于是否熟悉地形，还要看我军是否拥有了沙漠作战的条件。先前我方进军迅速，轻而易举便能获胜，以致我们在此期间并未有效掌握这些作战要领。然而，如果我方能在装甲力量和作战能力（而非数量）上更胜一筹，空中力量能与敌军势均力敌，那么即便失去那个关口，我方也能派遣更为精锐、更为勇猛的部队在沙漠混战中取胜。可是，我方所做的安排中没有一项满足这些条

件，不仅空军力量处于劣势，装甲力量也非常不足（理由将在日后做出说明），还有托布鲁克西面的军队也缺乏训练和装备。

3月17日，韦维尔将军和迪尔将军抵达昔兰尼加，亲自进行视察。他们乘坐汽车经过安特拉特前往阿盖拉时，迪尔将军立即察觉到，阿盖拉与班加西之间沙漠地带的防卫面临着种种困难。3月18日，迪尔将军在开罗致电帝国副总参谋长，并在电报中陈述了一个显著事实：阿盖拉与班加西东面的盐田中间是一片空旷的沙漠，非常适合装甲车辆行驶；若其他条件都一样，较为强劲的装甲部队将取得胜利。步兵在这儿毫无用武之地。当然，这片辽阔的沙漠也依然存在给养问题，而且守方占有绝对优势。他说，韦维尔已在着手解决防守方面的困难了。

据传，帝国总参谋长曾在路上偶遇莫斯黑德将军手下的澳大利亚参谋人员，在谈话中，他曾表达过这样的看法：军队近期可能会受挫，而且不只是这里的军队。[1] 后一句与他对我们所做出的声明并不一致。

* * *

3月间，诸多迹象表明，德国军队正从的黎波里开往阿盖拉。3月20日，韦维尔发来报告称，德军似乎正准备发动一次小规模进攻，昔兰尼加边境的局势让他惴惴不安。由于班加西南部地区一马平川，如果我方前哨部队被逐出目前的阵地，我军将无法在当地再找到一个合适的据点。不过，敌军因为管理问题，发动的进攻规模有限。

我给他拍了封电报，内容如下：

首相致韦维尔将军：

德军迅速向阿盖拉进军，对此我们当然非常担忧。只要没有遇到抵抗，他们就习惯一直行军。据我估计，你应该正

---

① 科林斯少将著：《韦维尔勋爵》，第355页。

等着这只乌龟伸长脖子，砍下它的头吧。似乎很有必要让他们提前尝尝我军的厉害。第七装甲师的情况如何？现处何地？请将你了解的情况告知我。你向史末资将军请求从南非第一师抽调一个旅，对此我完全同意。务必竭尽全力加快调遣南非第二师。22日，英国第五十师已动身出发……

1941年3月26日

韦维尔立即复电，内容如下：

1. 尚未在阿盖拉发现大批德军的迹象；或许驻守的主要是意军，只是稍微增加了些德军的兵力。

2. 我必须承认，继攻下班加西之后，为了尽最大力量支援希腊，我方在昔兰尼加冒了巨大风险。我当时估计暂可不理会位于的黎波里的意军；且鉴于意方海军实力欠佳，德军应该不会冒险将大批装甲部队派至非洲。我针对以上情况进行了部署，仅将少数装甲部队和一支未受过全面训练的澳大利亚师留在了昔兰尼加。

3. 自从我方开始援助希腊，越来越多的证据表明德军正向的黎波里提供增援，同时还向马耳他岛发动空袭，以防我军从马耳他岛轰炸的黎波里（我的确曾有这个想法）。由于德国空军会空袭班加西，所以我们的供给船只无法在此停泊，这也加大了我方所面临的困难。

4. 尽管目前我方在昔兰尼加的兵力薄弱，急需得到现有装甲部队的增援，却未能如愿。我将第二装甲师的一个旅派驻昔兰尼加，另一个则驻守希腊。第七装甲师正返回开罗，但由于没有备用坦克，只能修理现有坦克，颇费时间。接下来一两个月，形势会令人比较担忧。不过，敌方也面临着重大难题，而且我相信，敌军只是夸大了人数。不过眼下，我不敢随意派出我方为数不多的装甲部队。

我方正着手采取行动增援昔兰尼加……我主要在运输方面遇到了困难。

1941 年 3 月 27 日

韦维尔又补充了一番，使我们充分意识到他进行了多方考虑：

我刚从克伦前线回来。攻克此地是英印师所立下的卓越功勋。尽管他们蒙受了惨重的伤亡，但却甘之如饴。普拉特将尽快把战线拉向阿斯马拉①。我已向坎宁安下令：继续从哈拉尔向亚的斯亚贝巴挺进。哈拉尔已于昨日投降。

* 　　 * 　　 *

　　3 月 31 日，隆美尔开始向阿盖拉发起进攻。尼姆将军接到命令：若敌人逼近，则实施拖延战术，直至撤退至班加西附近，并尽可能持久掩护该港。必要时，可毁港撤退。因此在接下来的两天，我方驻扎于阿盖拉的装甲师（实际只有一个装甲旅及其支援部队）开始逐渐撤退。敌方空军力量确实强大。意大利空军依然无足轻重，但德国空军则拥有大约一百架战斗机、一百架轰炸机和俯冲轰炸机。4 月 2 日，韦维尔将军发来报告称，德国殖民地装甲师袭击了昔兰尼加的前哨部队。"昨天，几个前哨据点遭到袭击和破坏。目前所造成的损失尚不严重，但尼姆却为装甲旅的车辆状况深感担忧，似乎已有不少车辆受损。鉴于未来的三四个星期之内我都无法抽调出装甲部队，因此我提醒他，即使要撤出大部分军队，甚至可能撤出班加西，也要留下三个旅。"
　　从韦维尔将军先前的预计来看，我依然认为敌人的潜力有限。

---

　　① 阿斯马拉，厄立特里亚首都，1942—1952 年归英国管辖，后并入埃塞俄比亚。——译者注

首相致韦维尔将军：

从目前的情形来看，急需阻止德国向昔兰尼加进军。挫败德军对我们树立威望有深远影响。根据作战目标，我们完全可以放弃阵地。但撤出班加西又将后患无穷。令我费解的是，敌军如何在穿过这条漫长而又缺水的海岸后组建一支实力雄厚的军队？而且我不相信敌军向昔兰尼加发起进攻后，兵力还依然这么强大。如能剿灭进攻的这一小股敌军，那未来一段时间内你都可高枕无忧了。但是，如果敌军能够顺利前进，那么你所取得的胜利成果便会被他们逐渐摧毁。你身边是否有类似奥康纳或克雷这样善于处理边境问题的人？

1941 年 4 月 2 日

4 月 2 日，第二装甲师的支援部队被敌军的五十辆坦克逐出阿杰达比亚，撤退至东北方向三十五英里处的安特拉特境内；而装甲师则奉命撤至班加西附近。由于遭到德军袭击，装甲部队陷入混乱，损失惨重。电讯结尾称，"已下令摧毁班加西港口"。4 月 3 日，韦维尔将军乘机抵达前线，回来后报告说，德国装甲实力在我军之上，我方大部分装甲旅不堪重击，已溃不成军。因此，位于班加西以东及东北方向的澳大利亚第九师的左翼失去掩护。"此次撤退似乎在所难免。"他说，由于敌军在利比亚的兵力雄厚，故澳大利亚第七师将无法前往希腊，而需前往西部沙漠。英国第六师的实力依旧不足，只能留作后备军。"这样一来，我们就得推迟进攻罗得岛。"因此，仅在敌军一击之下，我方沙漠侧翼几乎在一天之内便全盘崩溃。我方做出的所有决定皆以该侧翼为基础，而且那支派往希腊的部队原本就力量薄弱，这样一来，我方实力受到严重削弱。根据爱琴海空军作战计划，我方的一项重要任务就是攻占罗得岛。眼下看来，已不可能完成。

我方已下令撤出班加西，并派遣其支援部队前往北部，负责掩护澳大利亚第九师于 4 月初开始的撤退工作。同时，为了防止敌人阻挠我方撤退，派遣了第三装甲旅开往梅基利。此外，还从托布鲁克调来两个团的印度摩托化骑兵旅前去增援。

*   *   *

这个新形势始料未及，我因此坐立不安。同日，我致电仍在雅典的艾登先生。

首相致艾登先生：

1. 我方已撤出班加西，目前形势严峻。因为德军一旦在班加西的飞机场驻扎，便可能会阻止我们使用托布鲁克港。这样一来，我们必须从战略和战术角度找到办法来对付敌军。请告诉我，你们受命撤至哪一据点？澳大利亚第九师将如何撤退？撤退的距离是多少？请记住，3 月 2 日韦维尔发来电报，充分有力地论证了他的西翼军队是安全可靠的。

2. 比起失去阵地，更为重要的一点是我方不能与德军直接作战，因为只要与他们交战，便会战败，后退几十英里，从而很可能给整个巴尔干和土耳其带来极为恶劣的影响。希望你能返回开罗着手处理这一切。我们早晚会和德国佬干一仗，但不管怎么打，我们务必要制订出调动军队的最佳计划。我方能否从海上袭击敌方的背后，从而切断沿海公路？如果可以的话，即便放弃进攻罗得岛也不在话下。

1941 年 4 月 3 日

艾登先生从开罗发来复电，内容如下：

今晚，我和迪尔安全抵达开罗后，已和韦维尔及特德展开详细讨论。朗莫尔在苏丹，因此并未参与其中。

最后，我们一致认为：德意军队在昔兰尼加所做的努力主要是为了在德军进攻巴尔干之前牵制住我们。这一结论绝

不是说埃及的间接威胁有所减轻，因为很明显，敌军正想方设法利用手中的优势。偏巧，德军首战告捷，效果甚至超出预期，现在他们正乘胜追击……

1941 年 4 月 5 日

＊　　＊　　＊

韦维尔往前线去的主要目的是说服奥康纳接任司令之职。当时，这位军官身体尚未痊愈，于是他向总司令提出，最好不要真的让他在战争中途接替尼姆担任司令一职，而是让他利用自己对当地的了解从旁协助。韦维尔对此表示同意，但是这个办法进行得并不顺利，而且也没有持续多久。6 日夜间，我方大批军队开始撤出班加西。澳大利亚第九师沿着海岸公路向东面撤退。为了避免交通拥挤，尼姆将军便和奥康纳将军同坐一辆车，沿着一条小路开去，身边没带一位护卫。在夜色中，他们突然被拦住了去路，一支德国巡逻队从车窗外伸进手枪对着他们。此时，除了投降，他俩别无选择。尼姆曾获得过维多利亚十字勋章，奥康纳也基本上是沙漠地区经验最丰富、战功最显赫的一位司令官。失去了这两位英勇的陆军中将，我们感到痛惜不已。

4 月 6 日下午，韦维尔、艾登、迪尔、朗莫尔和坎宁安在开罗召开会议。会上，他们讨论了据守何地的问题。韦维尔决定，如果情况允许就据守在托布鲁克，并一如往常地行动敏捷，8 日早晨便和澳大利亚的莱维拉克将军一同飞往该地，并任命莱维拉克将军为临时司令官。艾登和迪尔则启程回国。彼时，战时内阁正殷切盼望他们归来，带回他们在雅典和开罗搜集到的所有消息。

韦维尔报告称，澳大利亚第九师在撤退时似乎并未受阻，但不得不把两千四百名意大利俘虏留下。然而，同日他又发来电报称，西部沙漠局势急转直下。敌军已通过沙漠路线继续向梅基利进军。由于机件损坏、遭遇空袭，第二装甲师又损失了一些车辆。第三装甲旅的战斗力也已损失殆尽。

此时，我给韦维尔发去电报，内容如下：

意大利军队曾在托布鲁克筑起永久性防御工事，故你必须守住托布鲁克，至少坚守至敌人进行猛烈炮击为止。敌军似乎并不可能仅在几周之内就能做到这一点。鉴于我们会从海上增援你们，威胁到他们的交通线，因此他们若想攻下托布鲁克并向埃及挺进，风险势必很大。故应坚守托布鲁克，绝不撤退。请将你的意见告知于我。

1941 年 4 月 7 日

4 月 8 日，韦维尔飞往托布鲁克，下令保卫这一要塞。夜幕降临时，他启程返回开罗。途中飞机引擎发生故障，他们不得不在黑暗中进行迫降。飞机撞毁了，他们走出飞机，置身于荒无人烟的沙漠里，不知身在何处。韦维尔决定将秘密文件焚毁。经过一番漫长等待后，他们看到了一辆车的灯光。来者气势汹汹，庆幸的是，他们是一支英国巡逻队。在韦维尔失踪的六小时里，开罗的工作人员一直担惊受怕，但这也合情合理。

一回到开罗，韦维尔就立即回复电文。详尽汇报完部队的情况后，他说道："尽管初步行动后，敌军已经疲惫不堪，但我认为，留给我们的喘息时间并没有多少，我心里的石头依然无法落地。托布鲁克不是一个理想的防守之地，其后方的交通线路既长又乱，而且几乎毫无掩护。"

鉴于这封电报的最后一句话似乎并未将托布鲁克的问题解释清楚，我便与三军参谋长进行秘密会谈，并草拟了以下这封电报：

首相及参谋长委员会致韦维尔将军：

我们期盼你能全面估测一下战局。但同时，关于这一问题，你也应当了解我们的看法。我们认为，若没有进行长期抵抗，绝不可直接放弃托布鲁克要塞。我们有一条安全的海

上交通线。敌人的防线漫长，而且假若没有充足的时间进行布置，势必一攻就破。因此，只要我们守住托布鲁克，即使当地守军只有几辆能够袭击敌军交通线的装甲车辆，一旦敌人胆敢从此地路过，等待他们的就只有突然袭击。如果你离开托布鲁克，向后退至两百六十英里外的马特鲁港，相同的问题不仍然没有解决吗？我们深信，你应当留在托布鲁克奋战到底。

1941 年 4 月 10 日

然而，散会之前，我们便已获悉：韦维尔已最终决定据守托布鲁克。他说，"我建议据守托布鲁克；在拜尔迪耶——塞卢姆地区派驻一支部队，并尽力提高其机动性，以便保护交通线，而且当敌人进攻托布鲁克时，该部队还可袭击其侧翼或后卫；在此期间，按原计划布防马特鲁港地区。为了避免被敌人逐个击破，我们需分散兵力以便争取时间，但计算起来十分困难。我的物力有限，尤其是机动装甲部队、反坦克炮及高射炮方面更为匮乏。我们在和时间赛跑。"

因此，我们没有发出那封电报，而用以下这封代之：

首相致韦维尔将军：

我们一致衷心地赞同你据守托布鲁克的决定，定当竭力予以援助。

1941 年 4 月 10 日

＊　　　＊　　　＊

我军沿着海岸公路，已成功撤退至托布鲁克。然而，内陆地区只有第二装甲旅的司令部于 4 月 6 日抵达梅基利，但却与其所属编队完全失联。4 月 7 日，该司令部和两个印度摩托化团发现自己已被包围。他们击退了敌军的进攻，也断然拒绝了敌军向他们发出的两份招降书，其中一份还有隆美尔的签名。一些士兵突出重围，俘虏了一百名德军，但大多数都被迫退回兵营，缴械投降了。失踪的第三装甲旅现如今也只剩十二辆坦克，而且据说由于汽油短缺，他们计划前往德尔纳，但在 4 月 6 日夜间，该旅在德尔纳附近遭到伏击。在这几场战斗中，德国空军始终保有绝对的空中优势。敌人能取胜，其空军功不可没。8日夜间，澳大利亚部队得到了经由海路从埃及前来的澳大利亚第七师一个旅的增援后，成功抵达托布鲁克。敌军的先头部队包括部分德国第五（轻型）装甲师、一个意大利装甲师以及一个意大利步兵师。4月 12 日，其先头部队攻占拜尔迪耶，但未曾试图冲破埃及边境的防线。

敌军的重型装甲车和摩托化步兵很快就抵达托布鲁克周围，并向拜尔迪耶和塞卢姆挺进。其他部队则向托布鲁克的防御工事发起袭击。我方守军由澳大利亚第九师、澳大利亚第七师的一个旅和一支小型装甲部队组成。他们曾两次击退敌人进攻，并摧毁了敌军的一些坦克。由于形势有变、将领伤亡，韦维尔不得不重组指挥体系，具体如下：托布鲁克要塞，莫斯黑德将军；西部沙漠，贝雷斯福德·皮尔斯将军；埃及部队，马歇尔·康沃尔将军；巴勒斯坦，戈德温·奥斯汀将军。

总司令说："如果我有时间实行以上编制，我们的形势与去年秋季无异，只是多了托布鲁克这个包袱。但我们在陆地上所承受的压力将更为巨大，若空军无法进行有效空袭，我们恐怕难逃类似去年意军发动的那场进攻。在我看来，至少在数月内，我们难以解托布鲁克之围……我们显然会非常担忧埃及可能采取的态度。且不说希腊会发生什么状况，今后几个月真的困难重重。"

*　　*　　*

前海军人员致罗斯福总统：

毫无疑问，我们势必会为尼罗河流域之战竭尽全力。除此之外，别无他想。我军有五十万人驻守此地或正在赶来的路上，军需物品堆积如山。我们将不计一切代价保卫此地。我们必须据守托布鲁克，不是为了将其作为防守据点，而是作为一个极为有用的桥头堡，阻止敌人绕道大举攻击埃及。我方的海军和空军必须切断或干扰敌军横跨地中海中部的交通线。这一仗若要分出胜负，总得花些时日。陆路交通线长达八百多英里，敌军要想大举进攻，势必需要花大力气并准备数月。即使托布鲁克的守军不得不从海面（我方拥有制海权）撤出，我们也还有其他已建好的有利作战据点。从我个人角度来看，当前局势不仅在我们的掌控之中，还充满希望。迪尔和艾登刚刚回来，他们对此一致表示同意。

1941 年 4 月 13 日

此时，托布鲁克传来了好消息，鲁莽而又顽固的敌人遭遇了首次明显挫败。

韦维尔将军致陆军部：

　　利比亚。4 月 14 日早晨，托布鲁克俘获了约两三百名德国士兵，俘虏士兵说他们的部队被打得丢盔弃甲，食物和饮水也已耗尽。这些部队会由于进攻受阻而哭泣，由此可见，他们现在士气势必非常低落。

1941 年 4 月 14 日

他们也许是因为斗志过盛、期望过高，所以才哭泣的！

首相致韦维尔将军：

　　战时内阁向所有参与此次战役的人表示最衷心的祝贺。打得漂亮，托布鲁克！我们认为有一点至关重要，应视托布鲁克为出击港口而非累赘。你能否找出几支运输工具不足的精锐部队前去协助据守外围？这样，即使腾不出两个澳大利亚旅，至少也要腾出一个来作为要塞的总后备队和潜在的突击部队。

1941 年 4 月 14 日

＊　　＊　　＊

此时，埃及边境和托布鲁克方面的局势似乎已经暂时稳定。纵观当前整体局势之后，我向参谋长委员会发出了以下指令：

首相兼国防大臣的指令
——关于地中海战争

1. 如果德国入侵昔兰尼加和埃及的部队能够继续从的黎波里港和沿海公路获得给养，那么他们势必会派出精良的装甲部队袭击我们，那样后果将不堪设想。反之，如果他们从意大利和西西里岛通往的黎波里的交通线被切断，并且的黎波里与阿盖拉之间的沿海公路交通线不断遭到侵扰，那他们自身必将遭遇滑铁卢。

2. 目前，坎宁安海军上将所率领的英国地中海舰队主要负责在飞机和潜艇的大力协助下，充分利用海面舰艇，切断意大利和非洲之间的一切海上交通。为了实现这一目标，我方必要时可损失一些战列舰、巡洋舰和驱逐舰。要想彻底破坏的黎波里港口使之无法使用，必须采用轮番轰炸或封锁与布雷的方式。但要注意，布雷时不可妨碍封锁或轰炸。我方巡洋舰、驱逐舰与潜艇应在海军航空队和皇家空军的协助下，向来往于非洲的敌方运输船队发起袭击。若漏掉其中任何一支，都应视为海军的重大失败。能否阻止该条航线的运输攸关皇家海军的威望。

3. 为实现上述目标，坎宁安海军上将的舰队作战能力应增强到必要程度。"纳尔逊"号和"罗德尼"号装有厚重的

装甲，尤其适合抵御德国俯冲轰炸机的袭击，因此我们不必过分害怕此类轰炸机。只要一有机会，就从地中海西部调派其他巡洋舰、布雷舰和驱逐舰前来增援。我们应对"百人队长"号能否用作封港船一事予以研究，不过为了有效封锁的黎波里港，即使要牺牲一艘现役战列舰也在所不惜。

4. 获得增援之后，坎宁安海军上将的舰队应该能组建出两支轰击中队，便于轮番向的黎波里港发动袭击。尤其当得知港内停泊着船舶或运输船队后，轰击更是势在必行。

5. 为了掌控横跨地中海的海上交通，我们需在马耳他岛适当安置充足的海军部队，而马耳他岛的空军则需负责掩护驻防海军。只要马耳他岛的机场容纳得下，该空军应配有最新式以及最精良的战斗机，保持最强作战能力。与袭击的黎波里的轰炸机相比，负责掩护防卫马耳他岛海军的战斗机可优先使用飞机场。

6. 为了保卫马耳他港口，我们尤其要采用改良后的海军快速空雷发射方法，并竭尽全力利用各发展阶段的火箭推进武器（火箭）。

7. 的黎波里和阿盖拉之间的那条沿海公路全长四百英里，其重要性仅次于的黎波里港。所以，那些已经将"格伦"式运输舰换成特制登陆艇的部队应不断骚扰袭击这条公路。为达到这一目的，可自由使用聚集在埃及的盟国突击队以及其他部队。对于从海上登陆以夺取特别据点的行动，应加以研究并选定最佳据点，以便立即展开行动。在这一方面，我们必须同样不能计较损失，但却可以仅派出小股部队进行骚扰袭击，而且如有可能，一段时间之后我们就把他们撤回。即使只有少数轻型或中型坦克，只要能把它们运到岸上，它们就能沿公路扫荡，迅速击毁那些价值远超它们的车队。只要能不断干扰这段公路，每种切实可行的办法都应尝试，无须顾惜必要的损失。

8. 以上各段所列事项均为当务之急。日后，敌方空军将会比现在更为强大，而且如果他们如我们担忧的那样，成功攻下希腊和南斯拉夫，我们就更要加快行动。因此，坎宁安海军上将不能等到增援的战列舰到达后才开始行动，也不应为了进攻罗得岛，扣留"格伦"式运输舰。

9. 我们已经决定要竭尽全力保卫托布鲁克，将其看作是袭击敌人交通线的一个关键桥头堡或出击港，而不是把据守托布鲁克视为一种防御手段。根据需要，向托布鲁克提供步兵和装甲战车的增援，使其能不断向敌方侧翼和后卫发动有效袭击。如果能让没有运输工具的军队去驻守部分外围防线，便有可能组成一支机动部队，既能当作要塞后备部队，又能打击敌人。如果敌军落入圈套，展开类似围攻托布鲁克的行动，并因此被迫运送重炮部队及其给养，这将对我方大为有利。

10. 更为必要的是，为了使我方免遭骚扰和追击，韦维尔将军应重新掌握与敌作战时的部队优势，歼灭敌军的小股突击部队。按照保卫不列颠计划的要求，每次遇到敌军巡逻队时，我方都应大胆派出巡逻队进行攻击。不管是乘坐装甲车或摩托车的小型英国部队，还是步兵，都应毫不犹豫用炸弹或迫击炮袭击个别坦克。关键的一点是，即使只是小型战役，也要迎面作战，从而消耗敌方弹药，毕竟他们在弹药供给方面困难重重。

11. 派出我方皇家海军袭击敌方交通线或战车集中点，其意义不言而喻，无须赘述。

1941 年 4 月 14 日

所有这些，说起来容易做起来难。

* * *

我已将所有情况告知罗斯福总统。

前海军人员致罗斯福总统：

至于希腊将会发生什么，我无法断言，而且在欧洲大陆，我们从未低估德国在军事机械方面所拥有的巨大实力。

就我个人而言，我并未过度担心利比亚—埃及的局势。据我方估计，德军在该地区拥有一个殖民地装甲师，或许还有整支普通装甲师，包括六百到六百五十辆坦克，不过其中许多已被击毁或损坏。除了德军装甲师内的几个营以外，昔兰尼加没有其他德国步兵。汽油、食物、饮水和弹药供给方面势必困难重重，从战俘口中我们获悉，这些胆大妄为的德军所面临的供给态势十分紧张。敌人发起进攻时，我方装甲部队的大部分车辆当时正在进行维修，现在我们当然要设法让装甲部队投入作战。我们正从中东各地增援埃及，我方在中东的兵力约为五十万人。我将托布鲁克视为一座至关重要的桥头堡或出击港。我们认为空军正在不断增强，目前并未被敌人赶超。如今，地中海舰队正得到强力增援，将倾注其全部力量来切断海面和海岸交通。当然，除德军外还有意军，我们相信，德军现在正在或企图从西西里岛派出第三支装甲师。

14—15 日夜间，德军进攻托布鲁克，随后被我军击退。于我而言，此事非同小可。因为在这场小型但却激烈的战斗中，敌军的俘虏和阵亡人数以及损失的坦克和飞机数量都远超我方。这次战斗使敌军初次尝到了失败的滋味，而且即使他们再打下去也得不偿失。在此期间，我们在地中海中部采取了切断敌军供应的行动，战果显著。今日（16 日）凌晨，四艘由马耳他岛驶出的驱逐舰发现了一支运输船队。该船队由五艘德国和意大利的大型船只组成，船上载满了军火和机动车辆，三艘意大利驱逐舰在旁护航。我们击沉了整支运输船队及其所有的护航舰，而在这场战斗中，我们仅损失了一艘驱逐舰。目前，我方并未向外透露自身实力。

1941 年 4 月 16 日

* * *

然而，正当我们在希腊全面展开冒险行动时，我方沙漠侧翼被击败，引发巨大灾难。在相当一段时间内，我对造成这一灾难的原因困惑不解。因此当战事暂时平息，我便觉得有必要让韦维尔将军解释一下此事的经过。直到 4 月 24 日，我才向他提出这一让他倍感压力的要求。

我们尚未获悉阿盖拉和梅基利的战况，在这几场战斗中，我们损失了第三装甲旅以及一个摩托化骑兵旅的最佳力量。显而易见，我们此次遭受了重大失败。因此，为了让我们了解彼此的困难，我们有必要概括了解一下事情的经过和原因。我们究竟是在数量、谋略还是战术上不敌对方？还是如传言那样，由过早破坏汽油库所造成的错误引起？我们一定能够通过幸存者的报告，从头至尾了解这场关键性战斗。若你不如实相告，我将爱莫能助……

25 日，韦维尔发来复电并指出，所有相关高级军官几乎都已失踪，因此无法获悉他们的行动过程与动机。他必须谨言慎行，以免对他们造成偏颇，有失公允。和往常一样，他独揽了责任。同日，他又发来电报，对这次战斗进行了总结。在电报中他提到，他曾注意到，第二装甲司令部和第三装甲旅需要花费相当长的时间，才能够熟悉沙

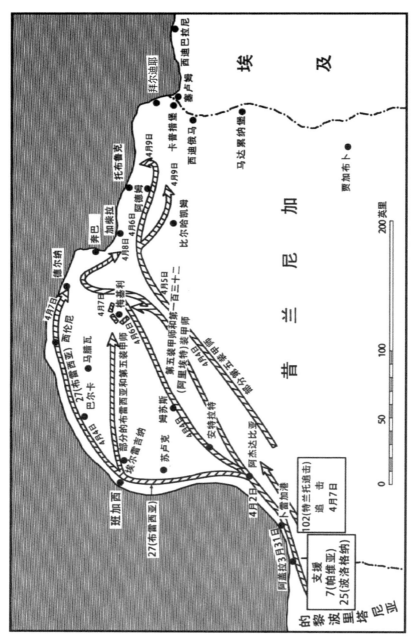

隆美尔的反攻，1941 年 4 月

漠条件以及沙漠作战状况。韦维尔曾希望在敌军大举进攻前至少能有一个月左右的时间在边境进行小规模战斗，从而适应当地的作战环境。实际上，他们尚未安顿下来，敌军就已开始攻击。此次攻击比参谋人员依据时间与空间所计算出的日期提前了两周，不过敌军实力大致在他的预计之中。他曾预料，敌军将有限度地向阿杰达比亚挺进。缴获的文件和战俘的供述都一致证实敌军本意正是如此。如今我们得知，敌军完全没有料到自己能取得初步胜利[1]，他们之所以后来能乘胜追击，完全是因为作为突击部队的第三装甲旅不幸过早溃败。有充分证据显示，敌方从阿杰达比亚进军的部队是临时匆匆编成的。该部队由德意两国部队所编成的八支小纵队组成，其中几支与后勤供应处脱离，只能由飞机运送物资。

我方的第三装甲旅也是一支临时编成的部队，包括一个机械装备欠佳的巡逻坦克团、一个轻型坦克团以及一个由（缴获的）意大利中型坦克装备而成的团。考虑到昔兰尼加战役结束时我方装甲战车的情况，如果即将派往希腊的军队配有装甲力量，那么该旅的战斗力便可能最强。如果该旅实力充足，并有更充裕的时间发展为一支战斗部队，那本足以应对预料中的进攻。

直到德军进攻前不久我才知道，我方主要依赖的那个巡逻坦克团机械装备极差。部分坦克还未抵达前线就已经损坏，而许多剩余的坦克由于机件问题，在战斗初期便报废了。第二装甲师另一个准备开往希腊的巡逻坦克团似乎也发生了同样的状况。德国坦克都装有大炮，我方轻型坦克对此毫无招架之力。而由（缴获的）意大利坦克装备起来的那个团，尚未有时间熟练操作这类坦克。

装甲师收到的指示是：遭到占有优势的敌军攻击时应逐

---

[1] 德斯蒙德·扬在他所著的《隆美尔》一书中谈到隆美尔的初期进攻及其丰富的成果，曾使他自己的上司和我们一样大为惊讶。

步撤退，以保存实力。等到敌方由于供给困难而兵力削弱时，我方便有了反攻的机会。这是我发出的指示。

事实证明，这项策略是错误的。立即发动反攻至少可以重创敌军，并大大拖延他们的行动，或许还能彻底阻止敌军。当时，由于在撤退时机械损坏、后勤崩溃，第三装甲旅还没怎么与敌军交手，就已经全线溃败；而没有作战经验的第二装甲师司令部似乎也无法控制局势。部分原因在于通信人员经验不足……

开战后的第一天，我在前线视察时，意识到需要一位富有沙漠作战经验的指挥官。于是就给奥康纳发去电报，让他前来协助尼姆。但这两位将军在撤退时，同时被突入德尔纳的敌军纵队巡逻兵所俘获。

以上便是这次损失惨重的战事梗概，对此我要承担主要责任。显然，是我在指挥第二装甲师司令部和第三装甲旅撤退时犯了错误。但我希望，等主要相关人员为此次作战行动做出详尽报告和解释后，再下论断。他们面临着重重困难。

即使在撤退与混乱中，我军似乎依然斗志昂扬。沉着应变、坚决迎战的事例不胜枚举。

我复电说：

首相致韦维尔将军：

非常感谢你对西部边境战事所做的概述。我方似乎运气欠佳。希望今后能挽回如今的损失。祝一切顺利。

1941 年 4 月 28 日

第六章

SIX

希腊战役

　　海军于马塔潘角海域附近取得胜利——皇家空军数量不敌敌军——德军进攻——南斯拉夫惨遭入侵——南斯拉夫投降——帕普哥斯将军提议撤军——希腊总理自杀——我军希望以德摩比勒作为防御立足点——重演纳姆索斯战役——纳夫普里昂之灾——皇家海军所取得的成就

　　近3月底，意大利舰队显然已蓄势待发，即将大规模出动，目的地有可能是爱琴海。坎宁安海军上将决定让我们的护航队暂时避开意大利舰队。3月27日天黑之后，他乘坐"厌战"号离开了亚历山大港，与他一同离开的还有"勇士"号、"巴勒姆"号、"可畏"号航空母舰和九艘驱逐舰。当时，普里德姆·威佩尔海军中将正率轻装部队驻扎在克里特岛，配备了四艘巡洋舰和四艘驱逐舰，后来他接到指令，命他第二天抵达岛屿南部与总司令会合。28日黎明时分，据从"可畏"号航母起飞的飞机报告，敌方的四艘巡洋舰和六艘驱逐舰正向东南方行驶。早晨七点四十五分，舰队中的"猎户座"号旗舰也发现了这十艘舰只。意大利舰队的巡洋舰中，有三艘上面装备八英寸口径的大炮，而英国所有巡洋舰上面的大炮口径只有六英寸。交战半小时后，双方难分胜负，敌军便先行撤退，英国巡洋舰转而乘胜追击。两小时后，"猎户座"号发现敌方战舰"维多利奥·威尼托"号正从十六英里外向它开火。双方角色再次转换，"猎户座"号率巡洋舰撤向英方主力作战舰队，与此同时，作战舰队正从七十英里外迎面全速驶来。"可畏"号航空母舰上的空袭飞机也抵达战场，向意大利战舰发起攻击，该战舰便立即向西北方向撤离。

　　与此同时，在英国舰队以北约一百英里处，我方空中巡逻队发现了另一支敌军舰队，由五艘巡洋舰和五艘驱逐舰组成。由于遭到"可畏"号、希腊和克里特岛海岸基地的连番空袭，"维多利奥·威尼托"号战舰明显受创，航速不到每小时十五海里。到了晚上，"可畏"号再次发起攻击时，发现所有的敌军战舰都在用高射炮保护这艘伤痕累累的战舰。面对如此猛烈的炮火攻击，我方飞机没有试图穿过防空火网，而是袭击了重型巡洋舰"波拉"号，只见该舰遇袭后偏离了航向，停止前进。随着夜幕降临，为了彻底击毁敌方已受创的战舰和巡洋舰，使其无法受本国岸基飞机掩护，坎宁安海军上将决定用驱逐舰发起攻击，尽管他明知夜间作战有危险，也要派出作战舰队一同作战。夜间行动时，他奇袭意大利的"阜姆"号和"扎拉"号，这两艘巡洋舰本是用来增援"波拉"号的，上面都装有八英寸口径的大炮。舰队接近"阜姆"号后，随即将其包围并击沉。在我方三艘战舰的围攻下，"扎拉"号很快烧成灰烬。

　　随后，为了避免误伤，坎宁安海军上将命令舰队回撤，只把驱逐舰留了下来，用于对付那艘伤痕累累的巡洋舰及其两艘护卫驱逐舰。攻击过程中，还找到了那艘受创的"波拉"号并将其击沉。这次夜间交战，英国舰队占尽了优势，非常幸运，没有遭到任何损失。到了早上，由于飞机没有找到"维多利奥·威尼托"号，我们的舰队便驶回亚历山大港。值此关键时刻，我军于马塔潘角海域附近取得的这次胜利非常及时、令人欣喜，从此再也没有人敢挑战英国在地中海东岸的制海权了。

＊　　＊　　＊

　　按照登船顺序，派往希腊的远征军包括了英国第一装甲旅、新西兰师以及澳大利亚第六师。这三支部队占用了中东其他部队的武器，所以装备很齐全。紧随其后，波兰旅和澳大利亚第七师也将被派往希腊。3月5日行动开始。按照计划，部队要据守阿利阿克蒙防线，该防线起于阿利阿克蒙入河口，途经佛里亚和埃德萨，止于南斯拉夫边境。我军将与这条防线上的希腊部队会师，即希腊第十二与第二十师（每师包括六个营以及三至四个炮兵连）和第十九师（摩托化师）。其中第十九师兵力不足，训练不充分，大约有六个营来自色雷斯。这支部队名义上有七个师，将交给威尔逊将军来指挥。

帕普哥斯将军原本答应会将五支精良的希腊部队派给我们，可他实际派遣的数量却远少于此[1]。当时，大部分希腊军队，约十五个师正驻扎在阿尔巴尼亚，与培拉特和法罗拉进行对抗，但却久攻不下。3月9日，意军向他们发起进攻，随后被击退。其余的希腊军队，包括三个师与边防部队，则据守在马其顿，帕普哥斯将军不肯将其撤回。后来当德国发起进攻时，仅用了四天，希腊军便被击溃，连被派去支援的第十九师（摩托化师）也被歼灭或者被打得溃不成军。

3月时，我方驻扎在希腊的空军只有七个中队（共八十架作战飞机）。由于飞机场数量有限，而且通信信号受阻，行动极为不便。尽管少量增援部队已于4月抵达，皇家空军的数量还是远远少于敌军。七个中队里，有两个在阿尔巴尼亚前线作战，而剩下的五个中队，虽有埃及派来两个"韦林顿"式轰炸机夜战中队作为支援，却必须应对所有的作战需要，与德国空军的八百余架作战飞机相抗衡。

德国第十二集团军奉命向南斯拉夫南部和希腊发起攻击，该集团军由十五个师组成，其中四个是装甲师。该集团军在向南进攻雅典时派出了五个师，其中有三个装甲师。由于德军若从南斯拉夫南部进军，阵地左翼便会被包抄，导致阿利阿克蒙阵地的左翼处于弱势。南斯拉夫总参谋部很少联系我们，因此无论是希腊军队还是我们，都不知道南斯拉夫的防御计划，也不知道准备工作做得怎么样。尽管如此，我们依旧希望南斯拉夫至少能帮我们尽力拖住敌军，毕竟南斯拉夫是敌军的必经之地，要想顺利穿过并非易事。事实证明，这只是我们的一

---

①　帕普哥斯后来一直声称，他最初同意据守阿利阿克蒙防线是以澄清同南斯拉夫政府之间的局势为先决条件的，但局势一直没有澄清。

厢情愿而已。帕普哥斯将军认为，从阿尔巴尼亚撤兵以抵御德军包抄阵地左翼的战术根本不可行，会严重影响士气。不仅如此，由于运输装备匮乏，通信技术薄弱，所以大敌当前，希腊军队根本不可能大规模撤退。帕普哥斯将军后来想改主意时已经来不及。在这种情势下，我军第一装甲旅于 3 月 27 日到达前线。几天后，新西兰师也与之会合。

＊　　＊　　＊

　　4 月 6 日一早，德军向希腊和南斯拉夫发起进攻，并对比雷埃夫斯港发动大规模空袭，当时我军远征运输船队正在此港口卸货。当晚，停泊在港口码头内的英国"弗雷泽氏族"号运输船发生爆炸，船上的两百吨烈性炸药将港口夷为平地。因此，我们只能把军需物品转移到其他小型港口。仅在这次袭击中，我方和希腊军方就损失了十一艘船只，共计四万三千吨。

　　自此，敌军空袭越发猛烈，盟军对此束手无策，只能仍旧通过海路维持军队给养。要想解决海上问题，关键是要拿下敌军在罗得岛上的空军基地，可由于兵力不足，只能作罢。在此期间，船只不可避免损失惨重。正如坎宁安海军上将在急件中所言，幸好最近马塔潘角之战给了意大利舰队一个教训，在今年剩下的日子里意军都不敢再轻举妄动。要是意大利舰队在这个时候参战，我方海军根本无法在希腊执行任务。

　　德军在猛烈轰炸贝尔格莱德的同时，还派出集结在边境上的军队从不同方向进攻南斯拉夫，而南斯拉夫总参谋部并不打算给意军后方部队致命一击。在他们看来，决不能放弃克罗地亚与斯洛文尼亚，因此他们只能努力将整条边防线都保卫起来。匈牙利军穿过多瑙河前来支援德国装甲纵队，德意军队朝着萨格勒布进军，驻守在北部的四支南斯拉夫军团遭到这两支队伍迎头痛击，毫无招架之力，只能迅速后撤。南斯拉夫主力部队被迫仓皇南逃。4 月 13 日，德军进驻贝尔格莱

德。同时，原先在保加利亚集结的利斯特将军率领的德军第十二集团军也已向塞尔维亚和马其顿进军。4月10日，他们进驻莫纳斯提尔和雅尼纳，从而切断了南斯拉夫和希腊之间的一切联系，并将位于南部的南斯拉夫军队一举歼灭。

＊　　＊　　＊

由于南斯拉夫在与敌军对战时被击溃，英方驻贝尔格莱德大使坎贝尔先生便率领驻军离开。此时坎贝尔先生请求指示，我便给他发了封电报，内容如下。

首相致英方派驻南斯拉夫公使：

1. 由于空军方面的原因，无论何时，若想派遣英国海面战舰、英国或美国的商船或运输船穿过法罗拉，再向亚得里亚海北面行驶，这一点都无法实现。在上一次战役中，空军并没有发挥很大作用。眼看着战舰被击沉，空军却一点忙都没帮上。我们已经把所有能拨的飞机都派去了南斯拉夫战场，并已通过多比亚克空军中将，交给南斯拉夫总参谋部投入使用。因此目前已没有多余的飞机。请牢记一点，南斯拉夫并没有给我们提供帮助的机会，并拒绝与我们制订共同计划，然而指责已经没有意义。不过在告诉他们这则坏消息时，你要好好把握轻重。

2. 明明南斯拉夫国内幅员辽阔，到处崇山峻岭，还拥有强大的武装力量，为什么国王和政府竟要离开故土？这一点令我方十分费解。德国坦克无疑会沿公路或小路行驶，但如果想要战胜塞尔维亚军队，德军必须调派步兵。这样一来，他们就有机可乘，能把德军一网打尽。所以，年轻的国王和大臣们理应在此方面有所行动。当然，如果国王和几位随从被迫离开故土，却没有飞机接送的话，无论何时，英国都会派一艘潜艇去科托尔①或其他临近地方接应他们。

3. 塞尔维亚军队的每个分队要想通过陆路获得我们的军需品，除了对山区进行有效防卫外，唯一的办法就是穿过莫纳斯提尔，与驻守在阿尔巴尼亚的希腊军队建立联系。这样，他们就可以参与到希腊保卫战中，并分得军需物品。如果这一切都失败的话，应不遗余力将部队撤向附近的岛屿或埃及。

4. 你依然要竭尽全力去激发南斯拉夫政府及其军队的斗志，并提醒他们，上次塞尔维亚战局是如何转危为安的。

1941 年 4 月 13 日

然而，距离南斯拉夫开展游击战还有段时间。4 月 17 日，南斯拉夫投降了。

此次南斯拉夫的溃败令人始料未及，希腊军方的主要希望由此化为泡影。敌军"逐个击破"的战略再次取得成功。我们曾为了促成联合行动而竭尽全力，但却最终失败，不过错不在我们。此时，我们前途堪忧。

德军向希腊进军时，英国第一装甲师已提前抵达瓦尔达尔河②，新西兰师在阿利阿克蒙河一带安营扎寨，希腊第十二和第二十师则驻守在其左侧。澳大利亚第六师的主力部队也即将奔赴该地。到了 4 月 8 日，战局已经明朗化，位于南部的南斯拉夫军队在抵御敌军时逐渐瓦解，阿利阿克蒙阵地的左翼很快就会陷入险境。在这种情况下，澳大利亚旅被派去堵截敌军，阻止他们从莫纳斯提尔入境。随后，第一装甲旅也前去与该旅会合。敌军在前进时遭到轰炸，皇家空军几次轰炸效果都不错，因此敌军的行程受阻。然而到了 4 月 10 日，敌军开始进攻我军侧翼。天气恶劣，双方苦战两天，敌军方才停止进攻。

---

① 科托尔，黑山南部海港。临亚得里亚海科托尔湾南端，同时也是黑山科托尔区的行政中心。

② 瓦尔达尔河，巴尔干半岛南部河流，源于马其顿和阿尔巴尼亚边境的萨尔山东坡。——译者注

再往西面，与阿尔巴尼亚部队始终保持联系的仅有一支希腊骑兵师。于是威尔逊将军决定，左翼部队由于遭受重创，必须要撤退到科扎尼和格拉文纳。4 月 13 日，撤退完毕。然而在此过程中，希腊第十二和第二十师却逐渐瓦解，不再具备之前的战斗力。从此，远征军只能孤军作战。到了 4 月 14 日，为了防守奥林匹斯山北部的险要山口，新西兰师也被撤回，其中一个旅负责掩护通往拉里萨①的主干道。敌军几次发动猛攻，都被打了回去。但由于左翼依然受到威胁，威尔逊将军决定撤退到德摩比勒。他把这件事交给了帕普哥斯，帕普哥斯答应了下来，并提议眼下英军应从希腊撤兵。

首相致威尔逊将军（雅典）：

看到希腊第二十师和骑兵师即将填补希腊西部军队和贵方军队之间的缺口，我感到十分高兴。显而易见，如果德军从这个缺口向南进军，不仅会包抄贵方阿利阿克蒙阵地，而且更会对驻扎在阿尔巴尼亚的希腊全军进行围剿。让我想不通的是，为什么希腊西部军队下不了决心撤兵回国。据帝国总参谋长称，曾有人不止一次提过这些事，但却没有下文。在这值得纪念的一刻，愿你一切顺利。

让我高兴的还有另一件事：眼下国王不会离开希腊。这是一个让他青史留名的大好时机。然而，如果他或希腊军队的任一分支被迫离开希腊，我们会在塞浦路斯岛为他们提供一切便利，并会竭尽全力把他们送到岛上。克里特岛可以通过海路获得给养，所以如果希腊能派一支精锐部队进驻，也会对战局十分有利。

1941 年 4 月 13 日

接下来的几天十分关键。16 日，韦维尔来电称，威尔逊将军曾和

---

① 拉里萨，希腊中东部城市。——译者注

帕普哥斯将军进行过一次磋商。帕普哥斯声称，希腊军队一直承受着巨大压力，空袭给后勤工作带来重重困难。他同意将军队撤到德摩比勒阵地。撤退行动的第一步已开始实施。此时，帕普哥斯重申他的建议，希望英国军队能一同撤走，使希腊免遭蹂躏。威尔逊认为，应先占领新阵地，随后再部署撤兵事务。韦维尔给威尔逊下达指示，只要希腊军能坚持抵抗，英军就会一直同他们并肩作战，但也准许他在必要时继续撤退。我们已命令所有开往希腊的船只返航，任何船只一律不能带人或装载物资，正在装载或已装载完毕的船只需清空。韦维尔认为，希腊政府应就此事向英国提出正式请求，英军方能真正登船撤兵。在他看来，克里特岛是可以守得住的。

这则重大消息倒也在意料之中，对此我立即予以回电。

首相致韦维尔将军：

1. 我方没有从贵方获得帝国军队在希腊前线作战情况的消息。

2. 如果我们留在希腊，就违背了希腊军总司令的意愿，他的国家也会因此惨遭蹂躏。接到帕普哥斯的请求之后，威尔逊或帕勒里特开始部署撤军前应先得到希腊政府的许可，同时不得妨碍向德摩比勒阵地撤军的行动，该行动由英军和希腊军共同合作。撤退过程中，你自然要设法尽力救出物资。

3. 必须全力以赴守住克里特岛。当你重新部署军队时，应该为此做好准备。尤为重要的是，希腊的精锐部队应同其国王和政府一起，在克里特岛安顿下来。我们将竭尽全力支援和维持克里特岛的防御工作。

1941 年 4 月 17 日

当天，威尔逊将军从提佛驱车前往泰托伊王宫，并在那里会见了希腊国王、帕普哥斯将军以及该国大使。大家都已认识到，眼下唯一可以实施的计划就是把军队撤往德摩比勒战线。威尔逊将军确信自己可以暂时守住这条战线。他们主要讨论了撤退的战略和次序。至少在接下来的一周，希腊政府不会离开自己的国家。

我曾在前文提到过希腊总理科里西斯先生。他在梅塔克萨斯①逝世后接任了总理一职。除了无可指摘的个人生活，以及明确而坚定的信念，他不具备担任公职的资格。显然，他既无法拯救祖国于水火之中，也无力承担自己的重任。效仿匈牙利的泰来基伯爵，他决心以死自赎。18 日，他自杀身亡。后人追忆他时，应心怀敬意。

*   *   *

由于当前局势动荡，在安排各项工作时应尽量权衡好轻重。面对手下已经过度劳累的空军，朗莫尔将军不知该如何安排工作，于是向我请求指示。我向三军参谋长下达指令，他们对此不仅表示一致赞同，而且还把电报原文转发给了中东各位司令。

参谋长委员会致各位总司令：

以下是首相兼国防大臣发来的指示：

1. 我们无法搁置手头上的任何一项工作，故无法准确地根据轻重缓急来安排工作。但各位可参考以下意见作为指导。新西兰、澳大利亚和英国军队能否成功撤出希腊关系到整个帝国的命运。

2. 托布鲁克的军需品还可支撑两个月，因此在撤军的关键期前后，应该可以安排船只出入托布鲁克。

3. 你们须一分为二，一方负责掩护撤退，另一方负责在利比亚继续战斗。但如果两方工作不可避免地发生了冲突，首要工作是取得利比亚战场的胜利。

---

① 梅塔克萨斯（1871—1941），希腊政治家，曾任希腊总理，实行独裁统治。——译者注

4. 目前无须为伊拉克的战事担忧，那里看起来一切进展
顺利。

5. 克里特岛起初只能用来储存从希腊救出的各种物资，
其全面防御必须留待日后组织规划。与此同时，如果遇到空
袭，岛上所有部队需分散开来，如果发现伞兵或空降入侵者，
就用刺刀对付他们。

6. 根据以上情况综述，首要任务是取得利比亚战场的胜
利，其次便是从希腊撤军。在安排托布鲁克航运事务时，除
非遇到战事胜利的关键时刻，否则应选择适宜的时机。伊拉
克问题可以不予理会，将克里特岛的防御工作留待日后处理。

1941 年 4 月 18 日

＊　　　＊　　　＊

由于敌军已被阻截在坦波谷、奥林匹斯山口以及其他地点，我方
全军则只能通过拉里萨的狭口撤退，此次向德摩比勒撤军的军事行动
因此变得困难重重。据威尔逊估计，他所率部队的西翼面临的威胁最
大，为了应对这种局面，他在卡拉巴卡部署了一个旅。然而，危机却
发生在了东面的坦波谷和奥林匹斯山口。新西兰第五旅在山口死守了
三天，这三天至关重要。由于坦波谷是德军通往拉里萨的最短路线，
因此守住坦波谷更为关键。最初坦波谷由新西兰第二十一营据守，后
来澳大利亚旅前来增援，在那儿据守了三天，为我们全军通过拉里萨
狭口争取到了必要的时间。

敌方的空军力量原本比我们强十倍，但在 4 月 13 日以前，由于天
气恶劣，敌军优势并没有得到充分利用。然而，15 日黎明时分，敌军
对拉里萨附近的飞机场发起了猛烈攻击，我方先前剩下的飞机许多都
被炸毁了。由于途中没有飞机场，其余幸存的飞机被调回了雅典。16
日和 17 日，天气原本很糟糕，但过后又转晴了。德军趁此机会出动了
大批空军，对我方正在向德摩比勒行进的军队发动反复袭击，途中遭

到反击。在靠近雅典的一次空袭中，我方虽损失了五架"飓风"式战斗机，却击落了二十二架敌机。

这几场后方战斗打得顽强又灵活，致使德军损失惨重，全面阻挡了他们气势汹汹的步伐。4月20日，我军占领了德摩比勒阵地。虽然阵地的正面坚不可摧，但我们必须守卫海岸公路，以防敌军从优卑亚岛①侵入。而我军最重要的任务是防止敌军向德尔法前进，战士们个个都很紧张。不过由于德军行军速度缓慢，这一阵地并未受到严峻考验。就在同一天，驻扎在阿尔巴尼亚前线的希腊军队投降了。

然而，我始终坚持把德摩比勒阵地作为最后的防守地，也从未放弃过这个希望。希腊人曾在此展开过多次著名战役，虽然那个时代已经远去，可如今再立一次不朽的战功又有何妨？

首相致外交大臣：

　　我越发相信，如果战场上的将军认为他们能够在德摩比勒阵地坚守两到三周，并能让希腊军队持续战斗，或保留充足的兵力，只要其自治领同意，我们自然会予以支持。我相信，如果能够重创敌军，我军撤退时就会容易许多。另一方面，只要希腊每天都能牵制住德国空军，利比亚的局势便可稳定下来，然后就能帮助我们运送更多的坦克到托布鲁克去。如果一切进展顺利，我们便能守住托布鲁克阵地，甚至会觉得凭借彼时的实力，足以等到埃及的增援。因此，我十分反对我军从希腊撤兵，如果作战部队只有英军，且仅需从军事方面考虑决定是否撤兵，那么只要威尔逊觉得还有胜算，我就会鼓励他奋战到底。但无论如何，我们必须在明日内阁会议之后，将这一问题正式提交给自治领后再做出决定。当然，等到我方部队撤退到新的重要阵地，情况又会如何演变，我

---

① 希腊第二大岛，仅次于克里特岛。——译者注

也无从知晓。

1941 年 4 月 20 日

21 日，韦维尔将军向国王询问希腊军队的情况，并问及希腊军队是否能及时有效地援助德摩比勒阵地的左翼。国王陛下表示，在敌人发动进攻前，已不可能挤出时间组织希腊军队支持英军的左翼了。韦维尔将军回复称，如若情况如此，他有义务即刻采取行动，将其能够救出的那部分英军送上船撤退。国王对此毫无异议，而且似乎早有此意。言语间，面对希腊陷英军于这般境地，他感到十分遗憾。接着，韦维尔将军叮嘱国王务必不能泄密，无论采取什么手段，都要保证登船成功——例如，应维持雅典城内的秩序；尽量推迟国王和政府迁往克里特岛的时间；驻扎在艾皮鲁斯的希腊军应坚定立场，防止敌人伺机从西面沿着科林斯湾北岸进军。国王承诺定会竭尽所能。然而，这一切都是枉费心机。4 月 24 日，迫于德军压倒性的实力，希腊最终选择了投降。

＊　　　＊　　　＊

1940 年，我们曾从海上撤退过，如今面临着相同的情况。在当时的情形下，要想从希腊有组织地撤出五万余人，几乎是不可能完成的任务。然而，通过普里德姆·威佩尔海军中将在海上的指挥，以及贝利·格罗曼海军少将和陆军司令部在岸上的指导，皇家海军顺利进行了撤退行动。总体而言，在敦刻尔克战役中，英国掌握着制空权。但在希腊，德国掌握着绝对的制空权，因此他们几乎可以不间断地袭击港口和撤退的军队。撤退工作显然只能在夜间进行，而且白天时，军队还得防止被敌军发现他们在海滩附近。纳姆索斯之战再次上演，只是如今的规模却扩大了十倍。

包括六艘巡洋舰和十九艘驱逐舰在内，坎宁安海军上将所率领的轻型舰队几乎全部投入了这次任务。4 月 24 日夜间，与十一艘运输舰和袭击舰以及多艘小型舰艇一起，在希腊南部的小港和海滩展开营救工作。

德军进攻希腊

我方连续开展了五夜的营救工作。26 日，敌军派出伞兵发动袭击，占领了那座横跨科林斯运河的重要桥梁，德军趁此机会涌入伯罗奔尼撒半岛①。此时，我军正在向南部海滩奋力行进，早已筋疲力尽，还不断遭到德军的袭击。24 日和 25 日夜间，一万七千名士兵被运出，途中损失了两艘运输舰。26 日夜间，约有一万九千五百名士兵从五个登船地点被解救了出来。"斯拉马特"号运输舰却在纳芙普里昂湾发生了不幸。由于想要尽可能运出更多的人，"斯拉马特"号在港口停留的时间太久。此举虽然英勇，但却有欠考虑。天刚破晓，"斯拉马特"号正准备离岸时，遭到了俯冲轰炸机袭击，直接被击沉海底。"金刚石"号和"啄木鸟"号驱逐舰前去营救运输舰上的七百名士兵，却在几小时后遭到空袭，也被击沉了。三艘舰只上仅有五十人生还。

28 日和 29 日，两艘巡洋舰和六艘驱逐舰开往卡拉马塔②附近的海滩，前去解救那里的八千名士兵和一千四百名南斯拉夫难民。一艘驱逐舰被提前派去安排登船事务，发现该镇已被敌军占领，镇上大火熊熊，大部分的救援工作因此不得不放弃。尽管后来我方发动反攻将德军驱逐出该镇，但四艘驱逐舰利用舰上的小艇，仅在东海滩上救出了四百五十个人。当晚，"阿贾克斯"号和三艘驱逐舰从莫奈姆瓦夏半岛上救出了四千三百人。

继这几起事件后，主要的撤退工作已经告一段落。在接下来的两天，分散在小岛或海上小艇中的几股零散兵力得到了解救。随后几个月里，希腊士兵冒着生命危险，帮助一千四百名将士自行回到埃及。

* * *

下面这一表格记录了最终撤退的人数：

---

① 位于希腊南部，北以科林斯地峡同希腊中部相连。——译者注
② 希腊伯罗奔尼撒半岛南部的港口。——译者注

军队	当敌人进攻时我军驻在希腊的人数	撤至克里特岛的人数	先撤至克里特岛再撤至埃及的人数	直接撤至埃及的人数（包括伤员）
联合王国军队	19206	5299	3200	4101
澳大利亚军队	17125	6451	2500	5206
新西兰军队	16720	7100	1300	6054
总数	53051	18850	7000	15361

最后的损失如下表所示：

军队	损失人数	在损失总数中所占百分比（％）
联合王国军队	6606	55.8
澳大利亚军队	2968	25.1
新西兰军队	2266	19.1
总数	11840	100

　　这次共顺利救出五万零六百六十二人，包括皇家空军人员和几千名塞浦路斯人、巴勒斯坦人、希腊人和南斯拉夫人。救出人数大约相当于原先派往希腊的战士总人数的八成。正是因为英国皇家空军和盟国的商船队队员们意志坚强，战术精准，面对敌人万般阻挠也毫不畏缩，方才取得了这些成果。从4月21日到撤退结束，由于遭到敌方空袭，我方共损失二十六艘船只：其中二十一艘来自希腊，包括五艘医疗救护船，剩下的五艘则是由英国和荷兰派去的。皇家空军和克里特岛派来的海军航空队一起，竭尽全力支援撤退工作，但因寡不敌众，最终没有成功。尽管如此，自11月份起，被派往希腊的几支空军中队依然合力击毁了二百三十一架敌机，投掷了五百吨炸弹，取得了不错的战绩。在此过程中，空军大队自身损失了两百零九架飞机，其中七十二架是在战斗中损毁的。虽然损失惨重，但战绩却值得其他部队学习。

　　此时，开始由英国指挥希腊那支规模虽小但战斗力极强的海军。4

月 25 日，一艘巡洋舰、六艘现代化驱逐舰和四艘潜艇返回亚历山大港。其后，希腊海军在地中海战役中屡立战功。

*　　*　　*

此次战争悲剧的描述也许给人留下了这样的印象：希腊军队并未向英国及其军队提供有效军事援助。但有一点需铭记，尽管希腊与意大利实力相差悬殊，但在双方耗时五个月的苦战中，希腊在 4 月的这三周里打得最为艰苦，几乎耗尽了整个国家的作战力量。10 月，他们遭到突袭，敌军人数至少是他们的两倍。他们首先击退了进攻者，然后发起反攻，将敌人赶回了四十英里外的阿尔巴尼亚。尽管对方人数众多，装备更为精良，纵观整个寒冬，他们都在山里与敌军进行着殊死搏斗。希腊的西北军既没有运输工具，也没有公路可供其使用，因此在战争的最后关头，他们无法快速行军，以抵抗德军从侧翼和后方发动的新一轮强攻。在保卫祖国的这场长期英勇战斗中，希腊的兵力消耗殆尽。

然而，双方并没有相互指责。从始至终，希腊对我方部队都十分友好，并且真诚地提供援助，境界十分高尚。比起自己，雅典和其他撤退地点的人民似乎更在意他们未来救助者的生命安全。希腊人民的尚武精神依然闪耀。

*　　*　　*

行文至此，有关我方在希腊遭遇的危险行动的重要事实，我均已陈述。时过境迁，人们很容易从精神和道义上选择一个应该站的立场。在这篇叙述中，我记叙了事件的实际情况以及对应的行动。日后，当一切都公之于众时，人们就可对这些事件做出判断。最后，当我们离开人世时，历史将做出冷静、公正而又耐人寻味的定论。

毋庸置疑，希特勒与墨索里尼蹂躏希腊的罪行，让美国人民，尤

其是那位伟大的美国领导人，感到颇为震惊。而我们为了抵抗残暴、从暴行的魔爪中尽力拯救一切而付出的努力，也深深地打动了他们。在此期间，我与总统曾激动地给彼此发过一次电报。总统说：

> 贵方在希腊的作战行动中不仅表现得英勇，所做工作也行之有效。由于必须大规模地聚集兵力，德国在人力和物力方面一定也蒙受了巨大损失。这样一来，贵方损失的领土也算获得了超额赔偿。
>
> 由于您事先已经把能够派出的兵力和装备都运到了希腊，因此打出了这场及时的拖延战。将来，这一战术还可沿用至地中海东部其他地区、北非和近东。再者，如果还需要进一步撤兵，拖延战术眼下将构成计划的一部分，以缩短英国战线，并大范围拉长轴心国战线，从而迫使敌人消耗大量的人力和物力。有一点让我很满意，那就是美国和英国民众越发意识到：即使贵方还得从地中海东部的一些地区撤出兵力，您也绝不会允许大规模溃败或投降发生。而且说到底，印度洋和大西洋归贵方海军控制，因此贵方终究会取得战争的胜利。

相比总统先生在电报中的慷慨陈词，我在复电中的回应或许会被认为没那么积极。由于受到事件本身过多的束缚，而且我也很清楚美国人民此时正情绪高涨，因此我在回复时侧重谈论了未来。

前海军大臣致罗斯福总统：

> 您的友好来电使我相信，无论眼下暂时的挫折有多惨重，您始终都会坚定地支持我们，直到获得最终胜利的那一刻……
>
> 我们目前无法保证，如果损失了埃及和中东，不会引起严重的后果。因为该损失有可能会加大我方在大西洋和太平

洋上所面临的危险，战争或许会因此延长，从而引发其他损失和军事危险。无论发生什么，我方都会奋战到底。但是请您记住，这片战场上的战斗结果，最终将会决定西班牙、维希、土耳其和日本的态度。有关损失埃及和中东不过是为了打赢海上持久战而做准备的观点，我恐怕无法苟同。如果欧洲所有地区以及亚洲和非洲大部分地区由于被征服或被迫妥协而成为轴心国体系的一员，那么大不列颠群岛、美国、加拿大和澳洲所展开的这场战争，必将面临一段长期艰苦的过程，前景堪忧。因此，如果您现在或是最近无法明确表态，那么各方都将处于极为不利的境地。总统先生，我相信，如果我直言不讳地说出我的心里话，可以避免您产生误解。在土耳其、近东和西班牙，战士们越来越悲观。在我看来，改变这种状态的唯一决定性力量，便是美国立刻投入战争并加入我方阵营。如果真能如此，我充分相信，在贵方加入战局统筹一切之前，我方定能控制住地中海地区的局势。

只要还有一寸土地，只要一息尚存，我们就会誓死为埃及及其驻扎在托布鲁克和克里特岛的军事基地奋战到底。在我个人看来，尽管无法通过坦克和飞机实施增援，但胜利终将属于我们。然而总统先生，如果中东垮台了，我恳求您不要低估此事后果的严重性。在这场战争中，每一个军事基地都是制胜的据点，我们还要丧失多少个这样的据点呢？

至于维希，我们热切地期盼您能带领我们一起想出，如何通过软硬兼施的办法来激发维希作战的欲望。如今，只有您能制止德军进驻摩洛哥。若不如此，一旦德军成功进驻，便无须再从陆上行军，他们很快就会派遣空军前往达喀尔①。

对于您即将发表的新一篇广播演讲，我充满焦虑地等待着，因为它可能是一个重要转折点。

① 达喀尔，塞内加尔共和国的首都，位于佛得角半岛，大西洋东岸。

在此，请允许我向您致以真诚的谢意，感谢您在船舶和坦克方面给予了我们莫大的帮助，以及从各方面对我方及我们的共同事业提供的慷慨英勇的援助。

1941 年 5 月 4 日

在前一晚的广播中，我曾试图表达出英语国家的人们此时的心情，不仅如此，我还陈述了一些关键事实。如今，这些事实主宰着我们的命运。

纵观欧洲和非洲此时的状况以及亚洲即将面临的处境，我们难免忧心和焦灼。尽管如此，我们切不能失去自己的判断力，否则只会导致我们越发悲观和焦虑。面对眼前的种种困难，只要我们意志坚定，就能通过回想自己曾经克服的困难，重拾信心。就严重性而言，眼下发生的事根本无法与我们去年经历过的那些危险相提并论。

我曾在上次演讲中引用了几句朗费罗的诗，罗斯福总统曾亲笔赠与我这几句话。现在，我想到了其他几句，或许没有那么耳熟能详，但与我们今晚的命运似乎更为贴切。而且我相信，在任何一个说英语的地方，或在任何一个自由旗帜飘扬的地方，人们都将感同身受。

"疲惫的波浪徒然冲击海岸，

仿佛寸步难行时，

远远地，流经港湾和河汊，

已静静地汇成一片汪洋。

每当白天来临，

那光芒不仅射进东窗；

太阳在前面缓缓地上升，多么缓慢啊！

但是请看西边，大地已被照亮。"①

① 本诗摘自 1849 年 10 月 13 日阿瑟·休·克拉夫致威廉·阿林厄姆的信，该信原件于 1941 年 6 月由查尔斯·斯克里布纳赠送给丘吉尔先生。——译者注

附 录

首相以个人名义发出的备忘录和电报

1941 年 1 月

首相致爱德华·布里奇斯爵士、伊斯梅将军和西尔先生：

新的一年到来，为了加强一切与指导作战有关事务的保密工作，我们势必要开展一次全新而强有力的运动。你们要注意以下几点，等你们共同讨论了以后，写一份报告给我。

1. 一年前颁发的关于"不准闲谈和讨论陆海空军情况的公告"，请予更新并重发。我们可能需要颁布一套新的布告，唤起大家注意。

2. 一年前发给各部门的命令，请予更新并重发。

3. 秘密文件的递送范围必须更加严格地限制，尤其是有关军事行动、武装部队力量、外交政策等文件。关于限制文件递送范围的办法，要对政府各部做出要求，提出相应对策。因为政府各部和白厅的机关人员工作一天比一天繁重，这一点又尤为要紧。

4. 只要是机密文件，都应放在装有弹簧锁的匣子里。各部大臣和他们的私人秘书的办公桌上一定要配备装着弹簧锁的匣子，当他们不在办公室时，严格禁止把机密文件放在公文盘内。

5. 匣子如果不用的时候要随手锁好。尽可能限制外人进入机要秘书和各部大臣的办公室，如有这种情况，就给外人提供接待室，这样更方便些。

6. 设计出一种带红星的小标签，附加在最机密的文件上，即那些关于军事行动和武装部队人数的文件上。办公室秘书没有必要全部都阅读这类带红星的文件。在这类文件传递过程中一定要放置在锁好的文件匣里，传递结束后应立即放到另外一个匣子里锁好，这样我和各大臣使用起来就会方便很多。

7. 应对有关未来军事行动的电报加以限制。我近日不时会收到关于未来军事行动的电报，里面对地名和将来的代号都有涉及。昨天收到的"流入"作战计划的电报里就有提到。我认为应该把所有这类载有地名和代号的文件收集起来然后烧毁，或者放在保险箱中。

8. 各部大臣尽量限制参加讨论机密事务的人数。对于进入国会的私人秘书（不包括枢密顾问官），除非是执行国会方面和政治上的任务必须了解的事情，其他的消息就不必告诉他们了。

9. 现在让我们感到很棘手的是外国新闻记者的行动。今天报纸上刊登了恩格尔暴露的消息，这就是一个好的例子。为了截断他们获得机密消息的捷径，必须想点办法。要记住的是，美国报界透露的事情，马上就会传到德国，对于这个问题我们束手无策，毫无补救办法。

10. 一定要减少广泛传阅情报的情况，各种报告的增发成了一种趋势，这个情况要节制。和战争相关的每个部门必须提交报告，清楚说明他们计划在新的一年中采用哪些进一步限制和缩减的措施。前段时间，前任内阁做出决定，在发表谈话前，如果不是战时内阁的大臣，应事先把关于战争的讲稿，或在讲稿中谈到战争的部分提交新闻大臣审阅。很明显，现在这个办法已经不用了。麻烦向我报告现在的情况到底怎么样。或者有一种更方便的办法，即在事前如果有大臣准备提到这类问题，可以先和代表国防大臣的伊斯梅将军商量。出使国外的官员，如未经主管部大臣的批准，是不得公开发表讲话以及谈及他们的工作的。

11. 我已经处理了关于向友好国家的武官传达机密消息的问题，并且对向他们传达消息的性质做出了限制。传达文件的大部分内容由在报纸上刊登的有趣的补白材料组成，这种方法可以继续使用。

12. 报纸上曾多次刊载一些有关我们战争和策略的消息，虽然大多数是无意的，但是这对我们不利。针对这种新闻，凡是事先没有检查的，事后都应该提出控告。新闻部对该部目前所做的工作应提交报告。

上述所有这些问题希望你都考虑一下，如果想到还有其他问题，也请告知。

至于用什么方法、通过什么途径将这些问题通知到各有关当局，也请你提出意见。

1941 年 1 月 1 日

首相致雅各布上校：

对于这个（德国）军团要极其小心仔细，对里面的人员成分要反复核对清洗，以便确保其中没有纳粹小组。我非常支持招募友好的德国人入伍，用严格的纪律加以约束他们，要让他们在集中营里发挥作用，但是我们必须加倍小心，以免混进一些不怀好意之人。

1941 年 1 月 3 日

首相致海军大臣和第一海务大臣（抄送军需大臣和海运大臣）：

1. "贝德福城"号所载货物丢失，我感到极其痛心。我们在军火方面遭受过的最大损失莫过于此。损失了七百五十万发子弹，这是一次多么沉重的打击。如果把这些货物分装在更多的船上，就不至于那么惨了。

2. 我想对于为什么会相撞，以及为什么驶入和驶出的两支运输船队的航线会如此接近，你们应该已进行了调查。我必须得再次强调一下，这次损失惨重。

1941 年 1 月 3 日

首相致爱德华·布里奇斯爵士：

1. 请把所有相当于部的、构成中央政府一个部分的委员会，连同

可能存在的下属委员会，列表交给我。

2. 请各个部门将所有目前存在的、与各个部门平行的委员会，列表呈报于我。

3. 我们要在新年时期对这类委员会进行精简，这个调查材料就是事先的准备。

1941 年 1 月 4 日

首相致爱德华·布里奇斯爵士：

战争目标委员会已经大致上完成了拟制声明草稿的工作，现在要立即交予内阁审阅。无论在哪个案件，战争目标和本国的重建（已交国务大臣负责）相比，是完全不同的两回事。

……因为战争可能达数年之久，所以我们必须小心行事，不要让这类遥远的战后问题消耗了进行战争所需的精力。

1941 年 1 月 4 日

（即日办理）

首相致伊斯梅将军，转洛赫将军及其他有关人员：

1. 光电引信①最能引起人们兴趣的，是它在高空对付飞行在一万英尺以上的飞机的效果如何。这种飞机是利用改进过的投弹瞄准器来攻击英国舰船或陆上目标，不进行俯冲轰炸。我们希望能有八只或更多的排炮在敌机附近一起爆炸，将它摧毁。哪怕这个办法只能在天晴时才能实施，那也对我们非常有利，这样一来我们就可以根据天气的情况来部署重要的军事行动。

2. 在这项高空装备的制造或研究及训练方面，有没有时刻紧跟呢？有关的军官能不能了解全部情况？这种引信本来最开始是用来防御俯冲轰炸机的，但无论是使用光电引信还是防空引信②，都可以发

---

① 一种早期的近炸引信。

② 用来对付飞机的一种火箭和降落伞装置。

挥这个作用，但是目前重点必须放在高空工作方面。

3. 这个原则也同样适用于在高空点燃空雷的防空引信。唯有朝着这个方向发展，战术和作战才能发挥出最佳效果。

1941 年 1 月 4 日

首相致内政大臣和卫生大臣：

如果正在使用的防空洞不安全（目前这种情况还不少），会发生什么事呢？我认为要规定，凡是正在使用的防空洞，不管安不安全，洞内的布置都必须由卫生大臣一手负责，而对于合格的和不合格的防空洞要一视同仁。只要防空洞还在使用之中，卫生大臣就要时刻关注。另一方面，随着防空洞设备的增加和改进，国内安全大臣完全可以关闭那些最不安全的防空洞。

你看过之后请告诉我这种看法是否正确。

1941 年 1 月 4 日

首相致外交大臣和经济作战大臣：

在草拟对意大利的讲话稿时，我特地把意大利人民同法西斯政权和墨索里尼区分开来。既然法国现在已经退出了战争，那么肯定要多谈一些纳粹党人而少谈一些日耳曼人，绝不能让仇恨蒙蔽了我们的目光，让感情模糊了我们的视线。

设法把普鲁士人同南日耳曼人区别开来，这是一种更富有成效的方法。最近"普鲁士"这个名词似乎不常使用。我所看重并准备强调的是"纳粹暴政"和"普鲁士军国主义"。

1941 年 1 月 5 日

（即日办理）
首相致工程与建筑大臣（同时也请卫生大臣阅读）：

由于建筑物的被破坏数量大大增加，你必须把轻度被损坏建筑物的急修工作当作重中之重。在这方面所做的工作请你每周都向我汇报。

我经常看到有很多房屋的墙壁和屋顶都完好无损，窗户却没有修理好，结果导致不能居住。我认为这是你目前首要的战时任务。不要让建设新世界的广泛计划影响了你保全旧世界残存的东西所需的精力。

1941 年 1 月 6 日

首相致外交大臣：

几天前你和我谈到电报篇幅冗长的问题。我认为这种恶习应当加以制止。在国外的公使和大使们似乎觉得，他们向国内所做的报告篇幅越长，他们的任务就完成得越好。

也不管各种言语和传闻可不可信，有关这些的电报都发过来了。他们在电报中滔滔不绝，口若悬河，好像谁也不想说些简洁的话。我建议你发一项通令，指责过分唠叨或琐碎的电报，并对发电报的人说明"这电报不需要那么长"。不把思想压缩在适当的篇幅之内，是非常懒惰的行为。我很想读完这些电报，但却发现电报篇幅越来越长了。

请告知应如何处理这个问题。

1941 年 1 月 11 日

首相致陆军大臣和帝国总参谋长：

1. 让人非常头痛的是驻巴勒斯坦骑兵师的机械化问题。战争开始后几个月，就已经把这些军队连同马匹运出，驻在中东，花了很多的钱来维持。几个月以前，陆军部决定应该将他们改为机械化军队。我欣然同意了。然而，我亲自进行调查后才知道这事根本就没做，而如果不带马匹将全师人员再运回国内，还要等到 6 月 1 日才能开始。运回国后，还要再过七八个月这些部队才能上战场。就这样，包括我们一些最优秀的正规和义勇骑兵团，一共八千五百名官兵，在两年零五个月的战争岁月中，消耗着大量的金钱，除了做些守卫工作外，其他什么事也没做。

2. 请将下列各项所需费用计算后呈报给我：（1）把这些军队运送到中东所需费用。（2）从战争开始时到 1942 年 3 月初止，对他们的口粮、薪饷和津贴的供给。(3) 把他们再运送回国的费用。

3. 这些在中东的军队肯定还有其他更好的用处。他们本来就有优良的素质，快速完成新增的训练绝对没问题。组织和编制的工作不一定要完全依照国内机械化或装甲编队的规模。独立摩托化旅的编制，可能比师的编制更为合适这些军队。1918 年春季或 1917 年秋季的近卫骑兵队，都很快地改编为了机枪团，在埃塔普勒经过仅两个月的时间就完成了训练。我不明白这个骑兵师为什么不在巴勒斯坦进行训练，他们在那里多多少少也算是当地的守卫部队。这个地方不合适还有哪个地方合适呢？

4. 这些能力极强的正规或半正规部队可以用来接收我们缴获的一部分意大利坦克装备。如果不用这些坦克装备的话，还可以用轻机枪战车来代替（或代替一部分），我们有很多这种战车，派出二百辆绝对没有问题。

5. 这里有一些其他的解决方法。可以像上次大战中的那几个骑兵师那样，把他们改编成一个步兵师或者组成几个独立的旅。这样一来就可以将他们全体编为人数足额的步兵营。如果这个办法不行，还可以把他们调往印度去，用来替换在那里服役的正规部队。或者，也可以让他们成为控制伊拉克的核心部队。

可以肯定的一点是，虽然船舶数量正日益减少，但我们仍然竭尽全力将军队运送到东方去，不过把这一大批兵员和这些宝贵的军官运回国就不用指望了，尤其是现在中东战事正在如火如荼地进行着。

1941 年 1 月 12 日

首相致空军大臣和空军参谋长：

是不是从中东方面发来的作战报告都那么详尽和长篇大论？没有必要每次对十来架突袭敌人战线的飞机都进行详细描述，这样两地用密码电报翻译的时候，太多内容会导致线路堵塞。

我建议计算一下前两个月中这些常规电报的平均每周文字，要求朗莫尔将军电报的篇幅减少，例如减到现在长度的三分之一差不多。

外交部的要求也是缩短电文。

1941 年 1 月 12 日

首相致内政大臣：

保守党的看法是，对于那些妨碍我们奋力作战的人，不管是属于极右派还是极左派，都应按法律与规章予以惩处。我认为这是很正确的，全国上下都会赞同。你是希望公平办事，这一点我是了解的，但如果你向内阁提出这个问题，我相信你一定会得到充分支持。"同样对象，同样对待！"

1941 年 1 月 12 日

首相致伊斯梅将军，转参谋长委员会：

我认为进攻多德卡尼斯群岛中这些较小的岛屿是不明智的做法。它们本身并没有什么用处；而那些较大的岛屿，也没有占领的必要，因为我们已经占领了克里特岛。如果我们进攻这一区域，就会惊动敌人，使他们有所防备，而且还会造成希腊与土耳其之间的分歧，因为我们已经对这个问题作了试验性的调查，这已经很明显了。国防委员会尚未批准这些行动。

1941 年 1 月 13 日

首相致自治领事务大臣：

这两个文件我已经阅读过了，在我看来，这些文件对我们已经知道的或在现有的爱尔兰南部局势中显而易见的东西没有多大的帮助。战略上的形势已经反复研究，而且海军部有一份关于爱尔兰基地的迫切需要以及南部和西部海岸机场的文件。我请伊斯梅将军通知你，注意这个情况。

若说目前占有这些基地关系到我们的生死存亡，我认为也是不对的。没有这些基地，我们将遭受重大损失，行动也会大受影响。目前若说得太过分就不真实了。但是我却不能做出狄龙先生所建议的保证：

即我们在任何情况下都不应"侵犯爱尔兰的中立"。

我个人并不承认爱尔兰的中立是合法的。既然南爱尔兰不承认那个条约，而我们又没有承认南爱尔兰是一个主权国家，那么这个国家的地位就十分特殊。我们不能使用爱尔兰的基地，在努力作战过程中受到了危害，如果这将置我们于死地的话（虽然目前还不至于这样），那么，我们就必须采取自卫行动来保卫我们的事业了。目前应该把我们最近决定的政策付诸实施，就和你做的一样，而且必须想尽一切方法借助美国的影响。我曾同霍普金斯先生有过几次长谈，他可能要亲自访问爱尔兰，我认为他的访问也许是有益处的。现在时机尚未成熟，除非你接到德瓦莱拉先生的直接邀请。看看从经济上和航运上施加压力，效果如何，有可能还行。爱尔兰的事态进展缓慢，随时可因德国入侵而被强制打断，到那时，不管我们是否受到邀请，都必须赶走侵略者。因此，除了我们最近通过的政策外，我没有看到还有什么其他政策。

1941 年 1 月 17 日

首相致外交大臣：

如果你没意见的话，我更希望把里窝那称为来亨，把伊斯坦布尔称为君士坦丁堡。当然，当说或写土耳其语时，我们可以使用土耳其语的名字。如果你有机会用意大利语和墨索里尼交谈，那么里窝那就是正确的。

此外，为什么要用泰国这个名称来代替暹罗这个名称呢？

1941 年 1 月 18 日

（即日办理）

首相致伊斯梅将军，转参谋长委员会，并致内政大臣：

1. 种种迹象表明，敌人将较早地使用毒气对付我们。这种情况完全可能发生在武装部队身上并且他们现已习惯于使用面具和眼罩。我认为最好还是给各司令部重新发出指示，考虑是否需要任何新式过滤

器，以防敌军可能释放新式的毒气。

现在请就这一点写一份报告给我（一页）。

2. 但是民用防毒面具的情况如何？会经常检修面具吗？现在很少人戴面具。有没有积极的防毒训练制度？这个问题看来已经是迫在眉睫了。请根据目前情况以及如何高效工作拟一份报告给我。消毒方法和工作人员等事项也应包括在报告内容之中。

3. 最后这一点是非常重要的，在报纸上或英国广播电台，无论如何也不能透露出我们正在大搞预防毒气的筹划工作，因为这只能被敌人利用来作为发起战争的借口，他们会污蔑我们准备对他们使用毒气。但我认为，全国都要努力，不要泄露我们准备防毒气面罩的消息。

1941 年 1 月 19 日

首相致本土部队总司令：

如果有少量的大型水陆两用坦克登陆横行，你打算怎样处理呢？我的想法是，用你的轻装部队把它们包围起来，时刻紧盯着它们，阻止坦克兵增添燃料、补给食物与睡眠，或者干脆让他们只能待在装甲车上，我这么想正确吗？如果说，这样登陆的坦克不超过四十辆，那么，除了大炮、地雷和坦克陷阱能发挥作用以外，用这个办法能不能让它们无路可退？

请务必将你的计划告诉我。

1941 年 1 月 20 日

首相致枢密院长：

我了解到这几个星期内每周运到伦敦的煤是二十五万吨。如果矿务局对需求量的估计正确，从现在起到 3 月底为止，每周要运送煤四十一万吨，如果没达到这个量，伦敦就会缺煤。

我希望知道你是不是也认同矿务局的估计，如果你认同的话，你计划用什么办法按照这个需求量来增加供应。为什么最近三个月的铁路运煤量竟降到只有去年的五分之三，这一点我实在无法理解。

1941 年 1 月 21 日

首相致卫生大臣：

你能不能想办法让伦敦各收容所里无家可归的人数迅速地减少？我真心希望可以在这个星期内就能将他们全部遣散。什么时候会再来一次猛烈的袭击，谁也无法预知，所以这个星期没发生空袭，难能可贵，不可错失这次机会。

1941 年 1 月 21 日

首相致伊斯梅将军，转参谋长委员会：

我希望，三军参谋长真的已经慎重地考虑过：对罗弗敦群岛的作战是否会惊动挪威海岸，德国是否会因此对该半岛进行增援。

我的想法是，我们的袭击只是面向一些岛屿，并明显是针对封锁措施的，所以不会有以上危险。据我所知，这次作战也不需要向陆地上推进。

希望你们能提出意见。①

1941 年 1 月 22 日

首相致空军参谋长、第一海务大臣和第五海务大臣（抄送海军大臣和空军大臣）：

我希望你们尽快设法为于地中海作战的航空母舰配备十几架"格鲁曼"式或改装的"布鲁斯特"式战斗机，这件事情非常重要。我催促这件事已久，而现在地中海战区总司令发文又明确指出，"'海燕'式战斗机实在不够快速"。我认为有必要在我们的航母上配备更快速的战斗机，即使数量少些也没关系。

---

① 1941 年 3 月 4 日，有两个突击队在挪威北部的罗弗敦群岛进行了一次极其成功的袭击。敌人的重要供应品和若干船舶被毁，二百名德军被俘，三百一十四名挪威志愿兵被安全救出。12 月 26 日进行了第二次袭击，英军再次暂时占领了该港。

没有这些战斗机，我们船舶的全部行动都会受阻。我很清楚机翼不能折叠、缺乏制动钩等等这些困难情况，但要有信心，相信这些问题能在 4 月前得到解决。

我恳请你们认真考虑一下。即使只能供给少数的飞机，也能极大缓解你们的境况，给你们带来益处。当然作为一项特殊工作，可以通过手工劳动把几十架飞机的机翼改装成折叠翼，这应该不难吧。

我觉得这种小规模改装的迫切性和重要性，你们还没有充分意识到。

1941 年 1 月 23 日

首相致军需大臣：

关于步枪（新的）的问题。自去年 8 月份以来步枪生产下降的情况如下：

月份	数量
8 月	9568
9 月	8320
10 月	7545
11 月	4362
12 月	4743（大部分是用现存的零件装配的）

1. 据我了解，这种下降是因为位于伯明翰的小希思工业区遭到几次空袭而导致生产完全停顿。请告诉我目前生产恢复得怎样了。

2. 三点七英寸高射炮架在 9 月、10 月和 11 月这三个月的生产率（设备的装配要受它的限制）大约每月为八十个。但据我所知，在 12 月就降到了百分之六十七，这是受了伯明翰和考文垂遭受空袭的影响。原来预计的交货量将会受到什么影响呢？

1941 年 1 月 23 日

首相致伊斯梅将军，转参谋长委员会：

在星期五视察多佛尔的时候，我看到那些最新和最好的炮台安装工作进度很缓慢，时不时还会中止，这种情况令我非常担心。

由于附属器材如瞄准器和控制器等没有交货，因此虽然一些大炮可以随时架设，但却无法投入战斗。海军部军需署长提出这样一项建议：我们可以暂时性地制成简单方便使用的控制仪器，以满足这些大炮短时间内作战的需求，虽然这些简单仪器在技术上的效果不如以后供应的正规控制器那么令人满意，但也可勉强使用。

受缺乏固定炮架的木材、劳动效率低下以及恶劣天气的影响安装工作有所延误，以致有些大炮无法安装备用。

关于这一情况，在所附《工作进度报告》中已做出说明了，如果像"交货日期未定"这样生硬的说法都可以接受的话，那就可以得出"这里的工作缺乏主动性"这样的结论。

关于第二点，缺乏推动工作进度的一些必要的设备，这需要马上采取行动了，而劳工问题则转交劳工部解决。

据我了解，各种拖延原因都已经通过"通常的途径"上报，但据熟悉当地情况的人所知，也没见着有什么进展。因此，最好要从"通常的途径"的另一端开始，从头到尾地调查，以便弄明白在处理这个问题的过程中，究竟是在哪一个环节上拖延了。

我从与拉姆齐海军上将的对话中得知，在他看来，这项工作缺乏驱动力，是因为没有一个高级官员把整个事情当作是关乎他个人利益那样的事情来对待，但是有几位级别稍低的军官在自己的职责范围内表现积极。

海军部军需署长说过，他可以处理关于弹药短缺的两个问题，即五点五英寸引信和六英寸炮弹的短缺问题。但是这个问题的解决似乎在"通常的途径"中途停滞不前了。

搭建这些炮台是极其迫切的任务，所以我请求参谋长委员会发出所有必要的指示，并请他们每周向我递交报告。

1941 年 1 月 26 日

首相致自治领事务大臣：

我同意你（与杜兰蒂先生）谈话的总方针。在任何情况下，我都不能答应做出那样的保证，理由就和你所说的一样。

关于武器。如果南爱尔兰确实有意参战，我们当然会把我们的防空武器分一些给他们，如有可能还可以事先这么做，并秘密地为他们的防务工作作出必要的安排。不过，在我们对南爱尔兰的态度还没有感到满意的时候，我们不希望他们获得更多的武器，而且我们自己肯定不会供给他们武器。

斯威利海湾的让步有重要意义，并且也能指明事情的发展方向。我们绝不应该向德瓦莱拉先生隐瞒我们对爱尔兰中立政策的强烈反对情绪。我们已经容忍和默许这个政策，但在法律上，关于南爱尔兰是一个独立的主权国家这一点，我们是从来没有承认过的，况且是它自己先放弃了自治领的地位。它的国际地位不明确而且不正常。如果现在这种情况要一直持续到战争结束（当然应该不会这样），那么在南北爱尔兰之间将会出现一道这一代人都无法跨越的鸿沟。

1941 年 1 月 31 日